聊不完的艺术家

跨界设计师穆夏

理想·宅 编著

化学工业出版社
·北京·

内容简介

阿尔丰斯·穆夏，捷克画家，新艺术运动的杰出代表，以其理想化的女性形象海报而闻名。本书共两部分，第一部分介绍了艺术家穆夏的生平事迹，以时间顺序为线索，向读者展示了不同时期穆夏的生活变化，提炼出重要的时间节点和转折点，让读者了解变化背后的故事。第二部分主要对穆夏的作品进行了解析，通过分析这些被筛选出来的、具有代表性的作品，让读者能更好地理解作品本身。

本书的内容专业性与故事性并重，不仅适合艺术院校的师生品鉴，也适合对穆夏感兴趣的读者作为休闲读物进行阅读。

图书在版编目（CIP）数据

聊不完的艺术家：跨界设计师穆夏/理想·宅编著. —北京：化学工业出版社，2023.11
ISBN 978-7-122-44195-9

Ⅰ.①聊… Ⅱ.①理… Ⅲ.①穆夏-事迹②室内装饰设计-作品集-中国-现代 Ⅳ.①K825.72②TU238.2

中国国家版本馆CIP数据核字〔2023〕第177223号

责任编辑：王　斌　吕梦瑶　　　　文字编辑：刘　璐
责任校对：宋　夏　　　　　　　　装帧设计：韩　飞

出版发行：化学工业出版社
　　　　　（北京市东城区青年湖南街13号　邮政编码100011）
印　　装：北京宝隆世纪印刷有限公司
787mm×1092mm　1/16　印张12　字数185千字
2024年2月北京第1版第1次印刷

购书咨询：010-64518888　　　　售后服务：010-64518899
网　　址：http://www.cip.com.cn
凡购买本书，如有缺损质量问题，本社销售中心负责调换。

定　　价：98.00元　　　　　　　版权所有　违者必究

前言
PREFACE

　　阿尔丰斯·穆夏作为新艺术运动的代表艺术家之一，刚开始并没有在传统绘画领域获得他的第一次成功，反而在一个明显不同的分支——商业插图领域取得了成功。在那个正值出版物蓬勃发展，需要大量插图的时期，穆夏抓住了这个机会，在掌握了插图绘画技巧之后，开始绘制插图并成功地成为小有名气的插画家。但他并未止步于此，面对突如其来的机遇时，又一次成功地抓住了它。穆夏开始在戏剧海报领域崭露头角，委托他创作的订单源源不断，然而商业上的巨大成就并没有使穆夏满足，他开始涉足多个领域，如珠宝、家具、室内设计等。到了晚年，他拒绝继续在他成名的领域进行创作，而是把注意力全部放到那些有着崇高主题的艺术创作中。

　　穆夏是一个成功地把"商业艺术"和"高雅艺术"完美融合到一起的艺术家，他在两者之间架起了一座坚实的桥梁。本书以传记和作品两条"路径"走近穆夏。传记部分以线性时间串联起穆夏的成长与发展，可以了解到"有宗教情结的天才少年""靠拉赞助生活的'艺术乞丐'""法国新艺术运动的旗手""跨界合作的珠宝设计尝试"等诸多专属于穆夏的故事。作品部分选取了 67 幅经典名作，聚焦于作品背景与画作本身进行解读。两部分相互补充，力图拓宽内容维度。

　　另外，本书中的画作均为高清图片，方便读者观赏作品细节，且每幅画作均标明绘制年代、实际尺寸及馆藏地址，为读者提供更加全面的作品信息。本书的最后整理了艺术家年表和艺术家画作分布，以此总结穆夏的生命轴线坐标。

目录
CONTENTS

第二部分

穆夏的艺术世界
——67 幅经典作品解析

O29

第一部分

关于穆夏的 8 个关键词

他是艺术家的人生目标，
也是新艺术运动的代表艺术家之一。
他的画作有着独树一帜的风格，
尤其以美丽的女性形象和唯美的线条闻名。
他是一个在商业设计和艺术创作上皆有巨大成就的
艺术家。
他有伯乐的相助，在 34 岁就迎来了令人仰望的"高光
时刻"，摆脱了艺术家"生前失败，死后辉煌"的宿命。
他就是阿尔丰斯·穆夏。

有宗教情结的天才少年

1860 年 7 月 24 日，在摩拉维亚南部的伊万契采小镇上，阿尔丰斯·穆夏出生了。现在我们说穆夏是捷克人，但在他出生的那个时期，捷克这个国家还没有诞生，当时的摩拉维亚还属于奥地利帝国，而穆夏的出生地伊万契采只是奥地利帝国的一个地区。直到 1867 年穆夏 7 岁的时候，奥地利帝国和匈牙利王国联合，改组为后世著名的奥匈帝国。奥匈帝国虽然实力强劲，但身为多民族国家，其内部并不安定，捷克斯洛伐克、波兰等地民族独立思想盛行，这也为穆夏晚年的追求埋下了伏笔。

穆夏的家庭比较清贫，是一个典型的宗教家庭。他的父亲虽然是法院的书记员，但却是公务员等级序列里最低的，母亲是位家庭教师。当时穆夏除了有两个亲妹妹外，还有三个同父异母的兄弟姐妹。一家 8 口人住的地方是与当地监狱共用的一栋房屋，虽然家庭经济拮据，但穆夏的父母很重视孩子们的教育，想办法让他们都上了学。

穆夏从小就在音乐和绘画方面展现出惊人天赋，穆夏的母亲会在穆夏的脖子上挂一支画笔，允许穆夏在家里随便画画。这位慈祥的母亲也是位虔诚的天主教信徒，每次都会带着穆夏一起去教堂祈祷，这使幼年的穆夏心中产生了深深的宗教情结，这种宗教情结将贯穿他的一生。宗教对小穆夏的

伊万契采的教堂

穆夏小时候常去的伊万契采的教堂是当地的地标性建筑，这个建筑也在穆夏日后的作品里多次出现。

《穆夏的妹妹安吉拉的肖像》

1880 年
实际尺寸：50cm×39.5cm
现藏于：捷克布拉格　穆夏博物馆

《穆夏的妹妹安娜的肖像》

1885 年
实际尺寸：55cm×34.5cm
现藏于：捷克布拉格　穆夏博物馆

影响是十分深刻的，从他的第一幅作品《基督受难》中就可以发现。当时仅有 8 岁的他，在没有受过正规美术指导的情况下能完成这样的作品，是非常了不起的。

此外，穆夏在歌唱方面也展现出非凡的天赋，在他 12 岁时就加入摩拉维亚地区首府布尔诺的教堂童声唱诗班，靠出众的唱功赢得了圣彼得和保罗大教堂的奖学金。1876 年左右，穆夏离开了唱诗班，回到了故乡伊万契采。其离开的原因很多人猜测是因为穆夏青春期开始变声，但是也有人推测穆夏是因为学习成绩差而被学校开除的。

《伊万契采的区域展览会》

1912 年
实际尺寸：37.7cm×25.5cm
现藏于：捷克布拉格　穆夏博物馆

画作背景里出现的伊万契采的教堂，在穆夏的很多作品里都能看到，说明这种宗教情结一直在他的内心之中。

《基督受难》

1868 年
实际尺寸：37cm×23.5cm
现藏于：捷克布拉格　穆夏博物馆

《基督受难》是穆夏在大约 8 岁时创作的，反映了天主教会对他的影响。后来他写下了童年时对教堂复活节的印象："我曾经像侍僧一样跪在基督的坟墓前几个小时。那是在一个黑暗的壁龛里，散发着浓郁的香味，蜡烛在周围静静地燃烧着，有一种神圣的光芒，从下面照亮了基督殉道的身体，真人大小，挂在墙上，极度悲伤……我多么喜欢跪在那里，双手紧握并祈祷。没有人在我面前，只有挂在墙上的木头基督，没有人会看到我闭上眼睛想着上帝知道什么，想象我跪在一个神秘的未知人物的身边。"从他很小的时候起，天主教会，特别是教堂建筑、音乐和神秘的氛围，就对穆夏的情感产生了很大的影响。

不断充实自我的维也纳之旅

回到故乡的穆夏在父亲的推荐下，当上了法院书记员，此时他才17岁。书记员的工作虽然稳定，但是远离了音乐和绘画的生活让年轻的穆夏觉得乏味，他决定投身绘画事业。18岁时，穆夏向布拉格美术学院递交了入学申请，遗憾的是，他没有被录取，不得不继续留在法院工作。一直到1879年，19岁的穆夏成功申请到维也纳考茨基－布里奥斯基－布格哈特剧场设计公司的一个职位，于是他离开家乡来到维也纳，成为一名实习布景绘画师。好景不长，1881年，维也纳环形剧院突然发生火灾，至少有600人遇难，成为维也纳历史上的一场重大灾难。穆夏所在设计公司的主要客户就是这家剧院。公司失去了主要客户，没有了收入来源只能进行裁员，可怜的穆夏因为是新入职员工，所以惨遭裁员。

虽然穆夏在维也纳的时间很短，但因为维也纳是高雅艺术的聚集地，所以开阔了他的视野，并且穆夏在这里遇到了影响他一生的奥地利艺术家——汉斯·马卡特。当时，马卡特是当地艺术界最具潮流感的艺术家，维也纳的很多地方都有他的绘画作品，马卡特的作品通常是大幅历史题材绘画，以美丽的女性形象、繁复的构图和绚丽的色彩见长，穆夏后期的很多作品中都能看到马卡特绘画的特点。从现在来看，这一次的失业却是穆夏艺术生涯的开始。在剧场工作的三年中，他积累了空间装饰和戏剧布景的经验，同时也在维也纳探索出了自己的艺术道路。也是在这个时期，穆夏开始研究颜料特性和绘画技法，并学习水粉画和蛋彩画，后来水粉画成了他创作插图的重要形式之一。

汉斯·马卡特

《五种感官》

汉斯·马卡特
1872~1875 年
实际尺寸：314cm×70cm
现藏于：奥地利维也纳　丽城博物馆

《五种感官》中，马卡特在五幅独立的画布上分别描绘了女性裸体，每幅都以森林为背景。这些女性被"旋转"到不同的角度，从左到右表现的是触觉、听觉、视觉、嗅觉和味觉。

《月亮与星星》

1902 年
实际尺寸：56cm × 21cm
现藏于：捷克布拉格　穆夏博物馆

穆夏的画作在很大程度上都受到了马卡特的影响，在这个系列的装饰版画中，穆夏选择将星星拟人化为女性形象。他试图通过探索主题的深层含义来超越画面的装饰功能。华丽的镶框里，女性飘浮在画面中，并被光线照亮，她们的姿势充满了戏剧性。在这四个装饰板中，穆夏在渲染纺织品的纹理和光泽方面表现出了很高的技巧。

靠拉赞助生活的"艺术乞丐"

失业后的穆夏没有像之前一样回到故乡，而是继续留在了维也纳。1882年，在他用光大部分积蓄之后，用仅剩的钱买了车票，北上来到了米库洛夫小镇。在这里，他通过为别人画肖像画赚取生活费。其间，穆夏因为帮人设计墓碑而在小镇上逐渐出名，当地的贵族爱德华·库恩·贝拉西伯爵注意到了他，并请他为自己的城堡创作壁画，虽然穆夏当时没有任何画壁画和室内装饰的经验，但仍然接下了这份委托。没想到，贝拉西伯爵对他独特的艺术风格印象深刻，又把穆夏介绍给自己的弟弟，再为另一座家族城堡作画。因为赏识穆夏的艺术才华，贝拉西伯爵还决定资助他继续求学深造。

在贝拉西伯爵的引荐和帮助之下，穆夏认识了慕尼黑的绘画教授威廉·克雷，也是在这位教授的影响下，穆夏决定去慕尼黑美术学院接受系统的学习。穆夏在慕尼黑美术学院待了两年多的时间，在这里也遇到了很多志同道合的年轻画家。完成学业之后，穆夏回到米库洛夫继续为贝拉西伯爵工作，此时贝拉西伯爵建议穆夏去巴黎或罗马继续深造学习，并愿意继续资助他。因此，1887年的秋天，穆夏与自己的同学一起前往当时世界艺术的中心——巴黎。

贝拉西家族家庭留言簿

贝拉西伯爵是穆夏人生中的第一位赞助人，他聘请穆夏装饰他的城堡，这是穆夏的第一批主要委托作品，并为穆夏后来承接大型项目奠定了基础，例如1900年巴黎世界博览会波黑展览馆的装饰。穆夏后来写道，贝拉西伯爵对他来说是一个"伟大的道德权威"，而1889年贝拉西伯爵停止资助，旨在鼓励艺术家能独立创作。穆夏与贝拉西家族的友谊一直持续到后来的几年，据贝拉西家族的家庭留言簿记载，穆夏在1912年和1925年都曾访问了甘德格城堡。

《男性裸体研究》

1885~1887 年

实际尺寸：79.5cm×45cm

现藏于：捷克布拉格　穆夏博物馆

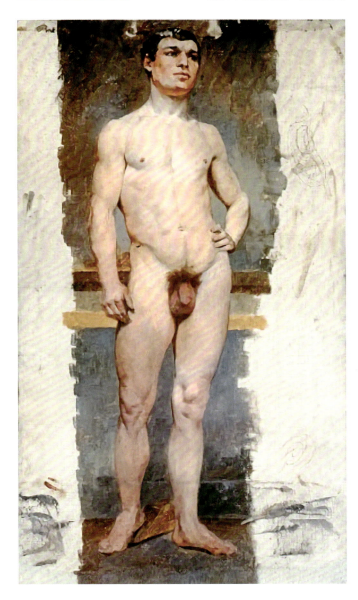

这幅《男性裸体研究》是穆夏在慕尼黑时期为数不多的作品之一。在深色背景中，穆夏用小心而自信的笔触描绘了一个年轻人的全立形象，突出了肌肉的色调和模特脸上的年轻特征。与他血管中微妙的淡蓝色形成鲜明对比的是整个身体中出现的红棕色和浅鲑鱼色，表达了充满活力的男性气息。

从模特的古典姿势和支撑他右脚的木楔来看，这幅画可能是慕尼黑美术学院的常规课程中要求绘制的。尽管如此，此作品显示了穆夏的绘画能力以及他捕捉人体形态的能力。

转战巴黎一夜成名

　　27 岁的穆夏来到了巴黎，此时的巴黎在拿破仑三世的改造下，变得更加现代化，呈现出焕然一新的感觉。穆夏来到了巴黎的朱利安学院继续上学，这是一所由艺术家鲁道夫·朱利安创办的私人艺术院校。由于学校的教学理念相对开放，朱利安学院深受年轻的前卫艺术家和国际留学生的欢迎，也吸引了很多追随先锋艺术运动的艺术家。

　　1888 年，穆夏转到了位于巴黎拉丁区的克拉罗斯艺术学院。1889 年，贝拉西伯爵停止了对穆夏的资助，穆夏被迫退学，而且由于他平时花钱不节制根本没有攒下什么钱，顿时陷入窘迫的穆夏在波兰画家瓦迪斯瓦夫·希莱温斯基的介绍下搬到了学校对面的夏洛特夫人乳制品店楼上。这里是穷困艺术家的避难所，主人允许画家们赊账并以自己的画作抵债。这里聚集了很多艺术家，比如纳比派核心人物保罗·塞律西埃，穆夏的介绍人波兰画家瓦迪斯瓦夫·希莱温斯基，还有后来大名鼎鼎的保罗·高更（高更与穆夏结下了深厚的友谊）。

　　彼时，穆夏面临的最大问题便是找工作，他开始向出版社投作品，争取工作机会。1890 年开始，穆夏的插图出现在了法国和捷克斯洛伐克的杂志上。1891年，穆夏认识了阿尔芒·科林出版社的亨利·布勒利耶，

保罗·高更为《白象回忆录》这部小说做插图模特

《大梅尔伯爵夫人》

泽维尔·马尔米尔的童话书插图
1891 年
实际尺寸：33cm×24cm
现藏于：捷克布拉格　穆夏博物馆

《在沙漠中》

《斯韦托佐尔》杂志插图
1889 年
实际尺寸：50cm×29cm
现藏于：捷克布拉格　穆夏博物馆

并因此得到很多工作机会，其中包括为查尔斯·塞尼奥博斯的书《德国历史现场暨纪要》绘制插图。这份工作也使穆夏接触到了自己日后的贵人——著名演员莎拉·伯恩哈特，也才有了后来令他一夜成名的传奇作品《吉斯蒙达》。

1894年可以说是穆夏命运的转折点。世界级著名女演员，被称为圣女贞德之后的法国最有名的女人莎拉·伯恩哈特想要寻找一个能为自己的新剧设计并绘制宣传海报的人。可是当时正值圣诞节，很多画家都停止工作欢度佳节去了，当时的穆夏正好在印刷厂做校对，所以他自然而然地接到了这个委托。接到这个紧急的海报订单后，穆夏穿着借来的行头，怯生生地走进了衣香鬓影的巴黎文艺复兴剧院，一睹海报女主角伯恩哈特在台上的风采，并画了几幅草图，随后不到一个星期就设计出了他的成名作《吉斯蒙达》。

1895年1月，海报一出现在巴黎街头就引起了轰动，4000份2米高的大尺寸海报贴满了大街小巷，穆夏一夜之间声名鹊起。当时巴黎的戏剧海报通常采用比较艳丽的色彩来吸引观众的注意力，而穆夏则别出

莎拉·伯恩哈特

心裁地运用了淡雅的色调。此外，这幅海报的尺寸也给大家带来了非常强烈的视觉冲击，当时这幅海报是贴着地面向上张贴的，真人大小的明星出现在人们的面前，这在那个没有网络、电视，无法近距离观看明星表演的年代，能够引起的围观效应自然就不言而喻了。而且在设计这幅海报时，穆夏加入了一些小心机——视线诱导。大家站在这幅海报的面前，视线大多会聚焦于女主人公的眼睛，顺着她的视线，自然而然就看到了莎拉·伯恩哈特的名字和戏剧的名字《吉斯蒙达》。

穆夏与伯恩哈特之间保持了6年的合作关系，其间合作了《茶花女》《洛伦扎乔》《撒马利亚人》《美狄亚》《托斯卡》《哈姆雷特》等一系列剧院海报。这一次的成功，使穆夏确立了一流海报设计师的地位，开始了广告插画大师的生涯。

《吉斯蒙达》

1894 年
实际尺寸：216cm×74.2cm
现藏于：捷克布拉格　穆夏博物馆

考虑到主角吉斯蒙达的信仰和
由此产生的影响，穆夏选择表
现第三幕高潮部分中圣枝主日
仪式队伍中的雅典女公爵形象。
身着华服美冠的女公爵目视前
方，眼中尽是跋涉千里寻得归
途之后的安定、憧憬及幸福。
剧目名称巧妙地嵌在女主人公
身后古朴浪漫的拜占庭马赛克
镶嵌装饰图案中，成为装饰的
一部分。融入演员名字的圆形
马赛克背景，宛如中世纪宗教
绘画中圣人头顶的金色光环，
伯恩哈特在这道圣光的衬托下，
化身英雄时代神圣高雅的女神，
美艳不可方物。衣裙掩映下的
剧院名与叙事画面浑然一体，
丝毫不觉突兀，形成了真正意
义上的艺术与商业的完美平衡。

法国新艺术运动的旗手

　　1900 年巴黎世界博览会是新艺术运动的高潮，同年也是穆夏创作生涯的转折节点。新艺术运动原名来自法文，意思为"新的艺术"。运动展开的时间大约在 1880~1910 年，持续了将近 30 年，其中 1895~1904 年是运动的高潮期，到第一次世界大战期间完全结束。这场运动席卷了大部分欧洲国家，也影响到美国本土及东亚与中亚地区，内容包含建筑、家具、首饰、服装、产品设计及平面设计，甚至一些雕塑与绘画都受到不同程度的影响。法国设计师在此次博览会上展出了他们最新创作的作品，这次博览会是第一次为来自世界各地的新艺术设计师和艺术家举办的国际性展览，穆夏设计的作品在这次博览会上获得了重要奖项。

　　作为新艺术运动的领军人物，在这一段时间里，穆夏的作品出现在一切能想到的商品上。卷烟、饼干、雀巢婴儿食品、啤酒、香槟、自行车……这个阶段，他还与巴黎的富凯珠宝店合作，并为其设计室内装饰和店面，使富凯珠宝店一举成为巴黎的地标之一。他把"商业艺术"和"高雅艺术"完美融合，让两者之间实现共通。

1900 年，奥匈帝国政府委托穆夏为巴黎世界博览会创作展览馆海报。除了海报，波黑展览馆的室内壁画也由穆夏一并设计，他还为展馆中的餐厅设计了菜单。

巴黎世界博览会波斯尼亚展馆餐厅菜单

1900 年
实际尺寸：33cm×13cm
现藏于：捷克布拉格　穆夏博物馆

《巴黎 1900 年》

奥匈帝国巴黎世界博览会海报

1900 年

实际尺寸：98.5cm × 68cm

现藏于：捷克布拉格　穆夏博物馆

跨界合作的珠宝设计尝试

在这次巴黎世界博览会上，穆夏还在珠宝设计上崭露头角。他与珠宝商乔治·富凯合作的珠宝展品，使富凯收获了一枚金牌，并且卖出去很多套首饰，可谓名利双收。其中一件最引人注目的是充满异国情调的卷曲蛇形臂钏，这件臂钏的原型来自伯恩哈特主演的《美狄亚》戏剧海报中主角左胳膊上戴的珠宝，有趣的是，这件珠宝最后被伯恩哈特买走。

这次合作的成功让这位巴黎珠宝商决定将他的珠宝店搬到豪华的皇家街，他委托穆夏为他设计商店的各个方面，包括外部和内部，以及灯具和陈列柜等。穆夏从自然界汲取灵感，两只美丽的孔雀映衬着彩色玻璃的发光设计尤其惊艳。

这家珠宝店于1901年开业，并立即获得了成功。穆夏的设计一直保留到1923年，随后被更新的配件取代。1941年，富凯将穆夏这些具有革命性设计的作品交给卡纳瓦雷博物馆保管。1989年，卡纳瓦雷博物馆完成了重建珠宝店的艰巨工作。它仍然是新艺术风格装饰设计中最壮观的作品之一。

富凯珠宝店

《美狄亚》

戏剧海报局部
1898 年
实际尺寸：98.5cm×68cm
现藏于：私人收藏

谈到穆夏与富凯的第一次合作，不得不提到 1898 年穆夏为伯恩哈特表演的戏剧《美狄亚》所创作的一张海报。当时富凯正在为自己的珠宝设计寻找新的灵感，他看到海报中女主角手上缠绕的蛇形臂钏非常有意思，所以他找到穆夏，主动请他设计海报上的蛇形臂钏。一年后，这件由穆夏设计、富凯制作的蛇形臂钏完成了，它的鳞状蛇头采用珐琅工艺，镶嵌欧泊、红宝石和钻石。臂钏通过一条长长的链子和一个同样有蛇头元素的戒指连在一起。臂钏背面有隐藏的铰链系统，可以灵活穿戴，佩戴时手臂也可自由转动。

1900 年巴黎世界博览会富凯珠宝店展品

《莱斯利·卡特》

戏剧海报局部
1908 年
实际尺寸：209.5cm × 78.2cm
现藏于：捷克布拉格　穆夏博物馆

1908 年，穆夏为伯恩哈特的戏剧《莱斯利·卡特》设计海报。海报中，莱斯利佩戴的上身链设计别致，极其华美繁复。作为设计中心的几何形胸章通过六条细巧的金属链与六枚肩章连接，上身两侧垂落的不对称装饰，又添加了一种层次感。珐琅花饰、巴洛克珍珠、镂空花纹的装点为其增添了几许灵性之美。遗憾的是，这件珠宝除了主体胸章外，其余部分都已遗失。

《莱斯利·卡特》海报中胸章的主体部分

移居美国的 "最伟大的装饰艺术家"

1904 年，穆夏在好友的鼓励下离开巴黎前往美国纽约，在美国的穆夏因为《吉斯蒙达》海报的成功而受到追捧。当时美国上流社会对肖像画的需求很大，所以穆夏收到了很多邀约，但给上流社会画肖像并不是穆夏的强项，因为他对肖像画中油彩的运用并不熟练。在美国停留的期间，穆夏只画了几幅肖像画以确保有经济收入，其中包括给赞助人德罗斯柴尔德男爵夫人的亲戚画的一幅肖像画《维斯曼夫人》。

1905~1906 年期间，穆夏往返于巴黎和美国，一方面他当时已经决定移居美国，所以回到巴黎处理商业性委托的收尾工作；另一方面他在巴黎遇到了自己的爱人玛丽·谢缇洛娃。1905 年，他们在布拉格的斯特拉霍夫教堂举办了婚礼，直到 1906 年穆夏与妻子玛丽从波希米亚度蜜月回来后，正式在美国纽约安了家。

在美国生活的穆夏没有像在巴黎一样接很多的商业委托来维持家用，而是在芝加哥艺术学院任客座教授，教学工作的收入成为家庭的主要经济来源。而为纽约新建的德国剧院做装饰，是他为数不多的商业委托之一，也是他新艺术风格时期最后一件大型室内设计作品。当时穆夏受委托为重建的剧院提

《玛丽·谢缇洛娃肖像》

1905 年
实际尺寸：50.7cm × 32.1cm
现藏于：私人收藏

穆夏送给妻子玛丽的结婚项链

项链的主体是圆框中三只展翅欲飞的白鸽，框缘下方缀了三组分别挂着五片马蹄铁形金片的吊坠。象征爱情与婚姻的白鸽，寓意幸福与好运的马蹄铁，代表圣洁的圆环，无一不是穆夏对未来的期待与承诺。

供内部装饰设计，虽然新艺术在巴黎逐渐衰败，但在纽约等地方依然很受欢迎，穆夏在侧壁和画廊的装饰设计中都使用了该风格的主题。1908 年剧院开幕，穆夏的设计广受好评。女演员莱斯利·卡特邀请穆夏为其设计舞台布景和服装，从此穆夏也开始画美国女演员。

在美国期间，穆夏并没有忘记自己的愿望——创作"斯拉夫史诗"系列作品，他停止接受商业委托也是为了能有更多的时间和精力为这一系列作品做准备。他设想"斯拉夫史诗"系列作品会有 20 张，大概尺寸为 6~8 米，但要完成这一系列作品需要一大笔钱，而没有了商业收入的穆夏并不能承担得起。幸运的是，穆夏的这个想法得到了理查德·克莱恩的支持，他是穆夏第一次访问美国时结识的一位芝加哥富商，克莱恩也是一名斯拉夫主义者，与穆夏志同道合，对斯拉夫历史文化抱有热情。当穆夏向克莱恩展示了自己第一周期画的三幅草图之后，克莱恩便决定做整个项目的赞助人。

《喜剧》

1908 年

实际尺寸：117cm × 58cm

现藏于：美国纽约　德国剧院

《悲剧》

1908 年

实际尺寸：117cm × 58cm

现藏于：美国纽约　德国剧院

1908 年，穆夏接受了装饰纽约德国剧院内部的委托，包括绘制五个大型装饰版画，装饰舞台、门厅、走廊、楼梯和礼堂。中央装饰板两侧的垂直装饰板上分别绘有《喜剧》和《悲剧》。《喜剧》以春天为背景，在穆夏的建议下鲍姆菲尔德博士的侄女接受了委托，充当坐在一棵开花的树下的女性模特。画面中还有一个年轻人坐在树上弹琵琶，陪同他的是两个被他的音乐陶醉的女人。《悲剧》的主人公以马克斯·莱因哈特导演的戏剧中的主角赖希尔小姐为蓝本。

理查德·克莱恩为了纪念女儿约瑟芬·克莱恩·布拉德利与哈罗德·C·布拉德利的婚姻，委托穆夏画了一幅《约瑟芬·克莱恩·布拉德利作为斯拉维亚女神的肖像》。这幅肖像被当作克莱恩为新婚夫妇建造的新房子的室内装饰品。十年后，当穆夏受委托为新成立的捷克斯洛伐克共和国设计纸币时，他将这幅肖像作为100克朗纸币的主要图案。

1908 年
实际尺寸：154cm × 92.5cm
现藏于：捷克布拉格 贸易博览会宫

晚年回国的爱国艺术家

1910年，穆夏开始准备创作"斯拉夫史诗"系列，并用了两年左右的时间来搜索和积累素材，直到1912年正式开始。从1912到1926年，整整14年时间，穆夏回到故乡，全身心投入到"斯拉夫史诗"系列的创作中，这个系列有20幅画，内容涉及的题材包括宗教、文化、哲学等多个领域，选取的20个重要的历史事件和场景，都是穆夏认为在斯拉夫文明发展中有非常重要作用的事件和场景。

为了完成这个项目，穆夏走遍了所有斯拉夫国家，从俄罗斯到波兰，再到巴尔干半岛，他收集民族服饰，绘制草图并拍照。即使一战时期画布难以获得，他也没有放弃。在此期间，1918年捷克斯洛伐克共和国宣告独立。穆夏自然对这个新生的故国一腔赤诚，从市政大厅到教堂，从邮票到钞票……他无偿包揽了这个国家的一切设计。并且在创作"斯拉夫史诗"系列期间，穆夏拒绝了任何带有商业性的工作邀请，但接受了一些符合他个人观念的工作订单，例如1918年起他无偿为捷克斯洛伐克共和国设计了邮票、一套国家纸币和国徽，以及为摩拉维亚教师合唱团音乐会、布拉格国家大剧院的芭蕾舞台剧《风信子公主》等推广捷克斯洛伐克文化的活动和慈善活动绘制宣传海报。

1926年，穆夏完成了"斯拉夫史诗"系列所有的作品，出乎意料的是，他的同胞并没有热情地回应，评论家说："公众接受了穆夏的'斯拉夫史诗'，但感情复杂甚至可以说是消极的。"当时大众认为这是一部描绘斯拉夫民族千百年厚重历史的作品，但这对于年轻的捷克斯洛伐克革命者来说，只是一项伟大的遗产，与现在的目标是冲突的且意

布拉格市政大厅由建筑师安东宁·巴尔萨内克和奥斯瓦尔德·波利夫卡设计，它是捷克斯洛伐克新艺术运动的见证。当时几位著名的捷克斯洛伐克艺术家被邀请来装饰室内。穆夏受委托装饰市政大厅的圆形会客厅。穆夏的设计颂扬了捷克斯洛伐克人民的英勇和斯拉夫民族的团结。圆形天花板正中间描绘的是《斯拉夫大团结》，周围分割半圆形墙面的穹隅里描绘着8位象征公民美德的人物。三块墙板描绘了宣誓效忠祖国的斯拉夫青年代表。

布拉格市政大厅壁画

布拉格市政大厅装饰天花板

《风信子公主》

1911 年
实际尺寸：125.5cm×83.5cm
现藏于：捷克布拉格　穆夏博物馆

芭蕾舞台剧《风信子公主》于
1911 年在布拉格国家大剧院
首演，由拉迪斯拉夫·诺瓦克
编剧。穆夏设计的海报上的
人物为该剧的女主角。穆夏通
过心脏、铁匠的工具、王冠和
巫术工具来关联剧情。海报中
的各个装饰细节都使用了风信
子图案。

义不大。1928 年，捷克斯洛伐克共和国建国十周年之际，穆夏把这 20 幅旷世杰作完整地捐赠给了布拉格政府。但可惜的是布拉格政府一直没有为这组史诗巨作提供永久性的展览空间，直到 1936 年法国巴黎法德波姆博物馆承办了穆夏个人作品回顾展，这次展览对他的艺术成就给予了极大的肯定。

但是好景不长，1938 年《慕尼黑协定》后，建国仅 20 年的捷克斯洛伐克共和国宣告灭亡，1939 年德军入侵捷克斯洛伐克共和国，穆夏的家乡摩拉维亚沦陷，他是第一批被德军拘捕审问的人之一，在经历了审讯的摧残后，穆夏因感染肺炎于同年去世，享年 79 岁。在他逝世几周后，第二次世界大战爆发。穆夏笔下无限柔美的梦之女郎与"希望人类团结在一起"的心愿一同被击碎。旧日欧洲的黄金时代就此谢幕。

第二部分

穆夏的艺术世界
——67 幅经典作品解析

他以画插画谋生，
却在后来以其海报中独特唯美的线条闻名，
形成别具一格的风格。
他的作品中充满着温暖细腻的色彩，
大量运用曲线和充满想象力的纹饰，
借鉴了浮世绘和拜占庭元素的线描特色及平面化的装饰手法。
他擅长描绘浪漫、性感的女性形象，
却在晚年因民族责任感描绘出宏伟、严肃的史诗巨作。

《茶花女》

　　《茶花女》是 19 世纪法国著名作家小仲马的名著，自 1848 年出版后，便引起极大的反响，后被搬上舞台。而伯恩哈特从 1880 年至其高龄一直出演这部戏剧，作为伯恩哈特的御用画家，穆夏设计的《茶花女》海报被公认为是穆夏戏剧海报的巅峰之作，是其艺术审美和成就的顶点。

　　《茶花女》在尺幅、构图和画风上都与《吉斯蒙达》很相似，唯一不同的是《吉斯蒙达》中使用的明亮色彩和精美的纹饰并没有出现在《茶花女》中。这幅海报用色简素淡雅，浅银色群星携着大片素色，如天际流云般轻浅，又带着一丝淡淡的忧伤。女主角玛格丽特身穿素袍倚着栏杆，长袍拖曳在地上凌乱地堆砌在脚边，显得那么无力，如她抓着袍襟和支撑窗栏的手。玛格丽特原本打算与深爱之人远走高飞，但却遭到爱人父亲的阻挠，最后因肺结核悲惨离世。

画作中穆夏用三重画面语言，描绘了女主人公悲凉的命运底色：画面上方两侧被荆棘和树根穿透的心脏，昭示了玛格丽特饱受摧残的精神和肉体；渐浓的夜色，隐喻了她走入永恒暗夜的悲剧性命运；鬓边斜插的山茶花与左下角那只宿命之手擎着的山茶花遥相呼应。

《茶花女》

1896 年

实际尺寸：207.3cm×76.2cm

现藏于：捷克布拉格　穆夏博物馆

《洛伦扎乔》

　　《洛伦扎乔》改编自阿尔弗莱·德·缪塞的同名戏剧，故事取材于 16 世纪佛罗伦萨史书中的真实一幕，讲述了伯恩哈特扮演的洛伦佐·德·美第奇如何暗杀佛罗伦萨的暴君亚历山德罗·德·美第奇，试图推翻腐朽堕落的统治阶级的故事。

　　海报中占据画面中心的主人公洛伦佐身着文艺复兴风格的服饰，斜倚着一扇造型繁复的拱形门，若有所思。拱形门上装饰着各色植物纹样，袖口、领口、腰间及长筒袜上有精致华美的刺绣，胸口有华贵的宝石吊坠……每一处都透着巴洛克的奢华浪漫，侧面反映了主人公的贵族身份。

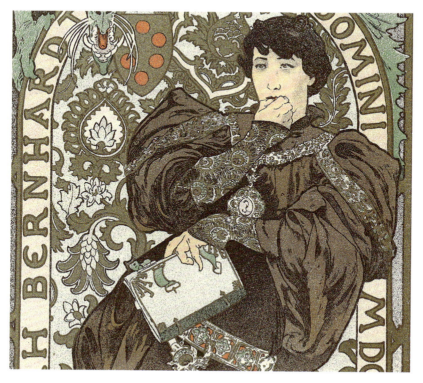

《洛伦扎乔》局部

海报的上部用一条凶恶的龙影射暴君亚历山德罗·德·美第奇，下方是佛罗伦萨市的徽章，表示他的暴行正在威胁着佛罗伦萨的人民。真实的历史上，洛伦佐和仆人一起用长剑与匕首完成了暗杀计划。画作中，穆夏用艺术手法表现了这一历史事实，隐藏在书下的匕首，暗示这是一场隐秘的行动；画面下方，层层叠叠的衣褶遮住描绘亚历山德罗遇刺的部分画面，利刃刺穿他的身体，濒死之人肤色发青、肢体僵硬，好像一个亡灵，穆夏将这幕场景塞进一个狭长的画框内。亚历山德罗身后蔓延的装饰图案的创作灵感来源于佛罗伦萨文艺复兴时期的艺术。

《洛伦扎乔》

1896 年

实际尺寸：203.7cm×76cm

现藏于：私人收藏

约伯香烟广告海报

约伯香烟广告海报被认为是穆夏商业广告海报的巅峰之作，随后又设计出了多种格式的版本以推向国际市场。约伯是让·巴尔杜公司的商标，该公司当时是一家生产卷烟纸的企业，其创始者让·巴尔杜是首位将卷烟纸裁成固定尺寸，做成小包装贩卖的人。

1896年，该公司委托穆夏宣传他们的产品，这张海报中，穆夏将突出的女性形象放在以JOB标志为主题的背景中，一位美丽的金发女子手拿一根点燃的香烟，面带幸福和沉醉的表情，香烟散发的缥缈烟雾和女子卷曲的秀发使画面充满了跃动感，她极具装饰性的金色卷发被当时一些调侃穆夏的人称为"通心粉"，升起的烟雾形成蔓藤花纹，与她的头发和公司的标志交织在一起。穆夏引入了拜占庭风格，如《吉斯蒙达》海报一样，边框装饰灵感来自有马赛克元素的作品，为商业海报增添了稳重感。

**约伯香烟
广告海报**

1896 年
实际尺寸：66.7cm × 46.4cm
现藏于：不详

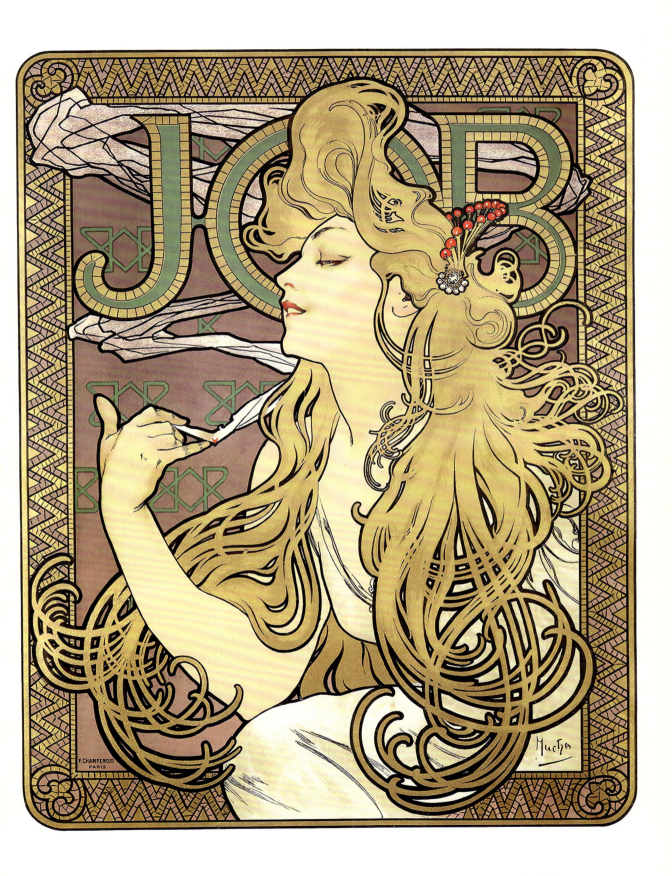

《四季》

19世纪版画技术的发展，使得版画成为一种普通大众能够负担得起的家居装饰。这恰好符合穆夏认为艺术应为广大民众享有的理念。花卉与女性是穆夏新艺术运动时期最偏爱的主题，这也是他最具标志性的作品主题。这组四联画后来在市场上极为流行，并被用于装饰年历、菜单等。于是他破天荒地推出了版画这样的产品，其实就是没有任何文字的海报，仅仅用于装饰，但可以单独或者组合购买。

《四季》是穆夏创作的第一组装饰版画，并成为他最受欢迎的系列之一。它是如此受欢迎，以至于酩悦香槟要求穆夏在1897年和1900年根据同一主题至少再制作两组装饰版画。将季节拟人化的想法并不是什么新鲜事，在古典大师的作品以及尚佩努瓦的其他出版物中都可以找到例子。然而，穆夏绘制的仙女般的女性与乡村的季节性景色相映成趣，为经典主题注入了新的活力。在这四个装饰版画中，穆夏捕捉到了季节的情绪——纯真的春天、闷热的夏天、硕果累累的秋天和寒冷的冬天，它们共同代表了大自然的和谐循环。

《四季：春》

1896 年
实际尺寸：103cm×54cm
现藏于：俄罗斯莫斯科　普希金博物馆

穆夏将春天拟人化为一个金发的女
子，她穿着半透明的白色连衣裙站
在一棵开花的树下。花朵与她头发
上的白色花朵相呼应。她拿着一把
七弦琴，有几只小鸟站在树枝上。

《四季：夏》

1896 年
实际尺寸：103cm × 54cm
现藏于：俄罗斯莫斯科　普希金博物馆

穆夏将夏天描绘成一个性感
而撩人的棕发女子，头上戴
着红色罂粟花。营造了一个
女子在宁静的氛围中休息而
获得一种满足的场景。女子
靠在葡萄藤上，她的脚沐浴
在下面的浅水中。穆夏在远
处娇嫩的蓝天中捕捉到了夏
日的光芒。

《四季：秋》

1896 年
实际尺寸：103cm × 54cm
现藏于：俄罗斯莫斯科　普希金博物馆

秋天被穆夏描绘成一个俏皮
的女子，赤褐色的长发上戴
着菊花环。她坐在郁郁葱葱
的植物中，从缀满果实的藤
蔓上采摘葡萄。

《四季：冬》

1896 年
实际尺寸：103cm × 54cm
现藏于：俄罗斯莫斯科　普希金博物馆

穆夏将冬天拟人化为一个从
头到脚披着淡绿色斗篷的女
子。她站在白雪皑皑的灌木
丛旁边避寒，手里捧着一只
小鸟，其他三只鸟羡慕地看
着。构图的简单和平淡让人
联想到传统的日本版画。

兰斯香水海报

　　这张海报宣传了里昂的罗纳河畔酒庄生产的香水。穆夏绘制的优雅、美丽的女性在吸引女性观众方面尤其成功。因此，他的商业作品受到化妆品公司的青睐。客户包括英国的希尔瓦尼斯·埃森斯、布鲁兹－哈丹库尔香水店、巴尼奥莱肥皂厂等。

兰斯香水海报

1896 年
实际尺寸：44.5cm×32cm
现藏于：私人收藏

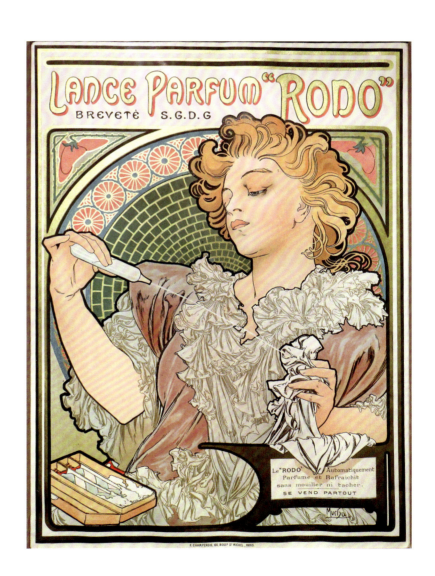

《黄道十二宫》

　　《黄道十二宫》是穆夏最为著名且有商业轰动性的海报之一，最初的版本是穆夏为其常年合作的尚佩努瓦印刷厂设计的年历，后来被《羽毛》杂志购买用于杂志宣传，《羽毛》杂志的名声和订阅量之大，使这幅作品声名远播，数十家公司为宣传各自的产品争相购买这一海报的无字样稿，因此这款海报有众多不同字样的版本存世。

　　从前文所述穆夏的经历可以知道，因为谋生需要，在这个阶段他主要的工作就是设计招贴画、海报等。华丽的配饰、强烈的符号感、圆形背景墙、海藻般浓密的头发等是穆夏作品的独特标志。除了这些外，就是和谐的对称和平衡感。《黄道十二宫》中的主人公是一位有着金色卷发的美丽少女，她以侧面示人，头戴拜占庭式的头饰和珠宝，置身于穆夏标志性的环形图案背景中，被精致的叶形装饰包围着。黄道十二宫星盘象征一年的 12 个月，而圆盘的形式又令人联想到时钟上的 12 个小时。在周围的装饰图案中，穆夏更是反复加入时间的象征，例如绘于画面上方两个角落中的常青月桂树是永恒不灭的象征，这里代表时间的恒久。位于下方左右角的太阳和月亮分别代表着昼与夜，其背后又添加了象征白天的向日葵和象征黑夜的罂粟，隐喻日夜更迭，时间流逝，与年历的主题非常契合。

《黄道十二宫》

1896 年
实际尺寸：65.7cm×48.2cm
现藏于：私人收藏

第 20 届美分沙龙海报

这张海报是艺术杂志《笔》举办的第 20 届美分沙龙展览的宣传海报，这次展览展出的都是与杂志《笔》有关的艺术家的平版印刷作品，这张海报奠定了穆夏在小组中的地位，表现了他基于曲线、浅色调、扁平化颜色和强烈轮廓的插画风格。

海报中描绘的是一个成熟的女人，闭着眼睛，姿态惬意。女人左手拿着一支画笔和一支羽毛笔，头发上的面纱顺着她的左胸垂下，其周围围绕着星星。

第 20 届美分沙龙海报

1896 年

实际尺寸：64cm×43cm

现藏于：捷克布拉格　穆夏博物馆

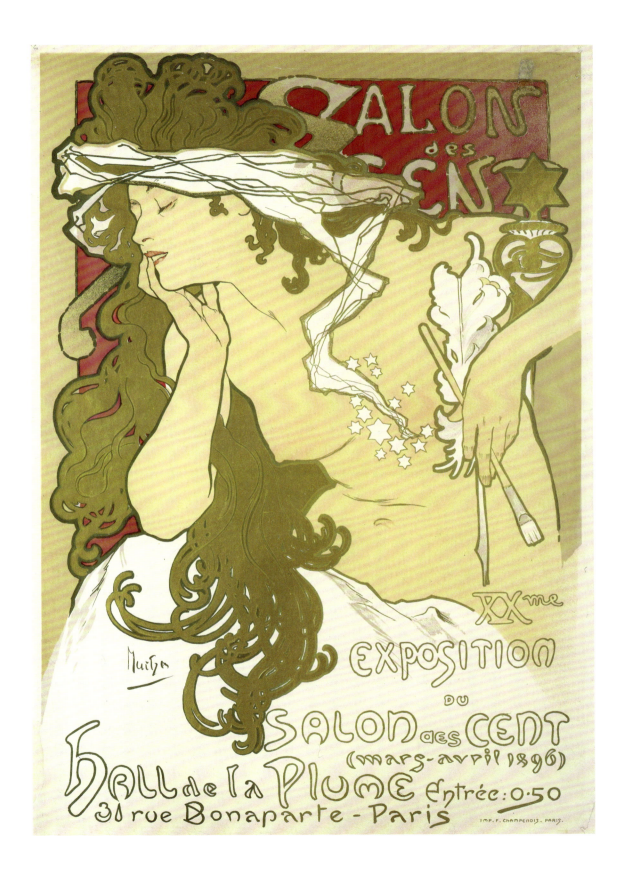

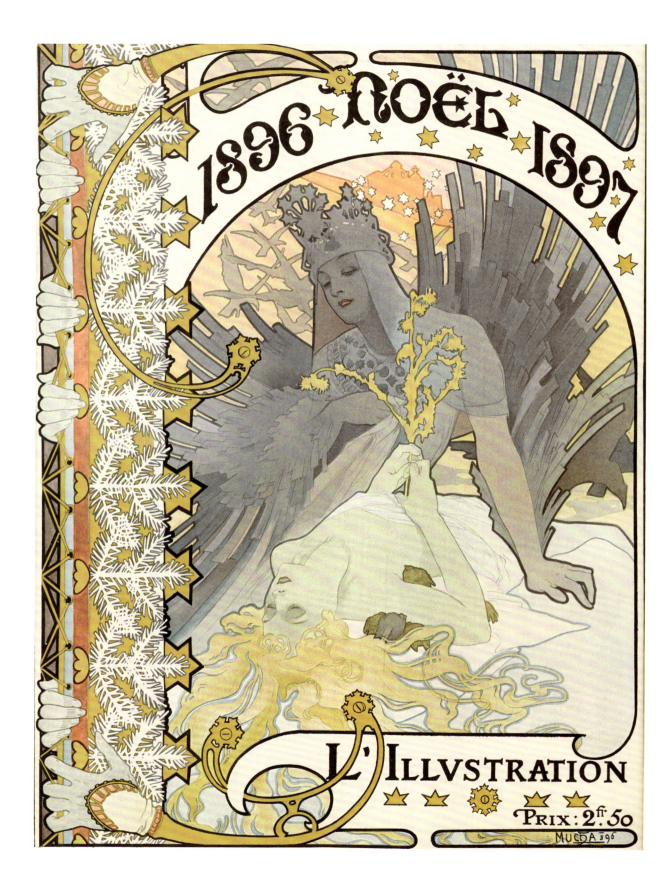

《插图》圣诞节特别版封面

    这张封面是1896年为《插图》圣诞节特别版设计的。与穆夏为其他杂志设计的封面一样，这种构图充满了象征意义。虽然穆夏在自己的著作中没有提到这幅特殊的设计，但可以这样解释：

    正如标题"1896-Noel-1897"所示，这一版杂志标志着一种交替——旧年的过去和新年的到来。前景中死去（或垂死）女人的苍白身影似乎象征着逝去的一年，而长着翅膀的女人则用裹尸布包裹着她的身体。死去的女人手里拿着的是蓟花，通常象征着罪恶和尘世的痛苦。然而，背景中教堂建筑的剪影图像（考虑到场合，可能是圣诞教堂）以及左侧的装饰图案带代表了更新和救赎的希望，图案带由三双手和带雪的圣诞树树枝组成。在基督教的语境中，双手经常暗示精神力量或传达精神能量的媒介，圣诞树代表活力或生命力。如果这些图案的设计是受到传统基督教的启发，那么带有齿轮的"机械手"的创意是比较独特的。穆夏可能以这样的形式表达了一个神秘之神的力量，他掌管着时间，使自然界中的万物和谐地相处。

《插图》圣诞节特别版封面

1896 年
实际尺寸：38cm × 26.6cm
现藏于：私人收藏

《摩纳哥·蒙特卡洛》

　　这张表现地中海沿岸豪华假期的海报中，穆夏将逼真的具象元素与高度风格化的装饰结合。海报中央肤白貌美的女子将双手放在脸上，在蓝色大海和多山海岸线的背景下惊叹不已。她的身边围绕着精致的花卉图案，由丁香、绣球花、菊花和紫罗兰的弯曲茎组成。背景中隐约可以看到蒙特卡洛著名赌场的独特塔楼。

《摩纳哥·蒙特卡洛》

1897 年
实际尺寸：110.5cm × 76.5cm
现藏于：私人收藏

百大沙龙穆夏展海报

1891 年，新艺术运动阵地之一《羽毛》杂志的创始人，也是穆夏挚友兼伯乐的里昂·德尚，在出版社建立了"百大沙龙"画廊。整个新艺术运动发展进程中，百大沙龙的作用举足轻重。阿尔丰斯·穆夏、图卢兹－劳特累克、欧仁·格拉塞等一众艺术家都在此联合办展或举办个展。1897 年，受德尚邀请，跻身新艺术运动核心圈层的穆夏在百大沙龙举办了大型个人作品回顾展，共计展出448 件作品。

这幅穆夏为百大沙龙个展创作的海报，更像是穆夏写给故土的情书，整幅画作尽述他对摩拉维亚的深情。画面中心，正当芳龄的少女，一手掩唇，一手拿纸笔，眼神果敢坚毅，不同于穆夏笔下那些或优雅、或温柔、或神秘的女子，举手投足间透着一股凛然的美。少女头上的刺绣软帽，是摩拉维亚女子极钟爱的饰物，帽檐上装饰的小雏菊在伊万契采小镇的田野间盛放。女子手中的画纸上有一颗跳动的红心、三个交缠的花环。花环由荆棘、蓟草和雏菊组成，分别代表受难、信仰和希望，象征着在家乡那片热土上，人们经历的悲欢离合。海报中也倾注了穆夏对祖国的期盼和希望：黑夜无论怎样漫长，只要信仰还在，希望就在，白昼总会到来。

创作这幅海报时，穆夏运用了视线诱导的构图方式，少女以手掩唇，顺着她的手，观者的目光自然而然地被女子那双深眸吸引。这一构图方法常见于现在的商业广告中。

百大沙龙穆夏展海报

1897 年
实际尺寸：66.2cm×46cm
现藏于：私人收藏

《的黎波里公主：伊塞尔》

　　《的黎波里公主：伊塞尔》是根据爱德蒙·罗斯丹的戏剧《远方的公主》改编的一部象征主义小说。这幅画是穆夏为这部小说首卷描绘的插画。

　　插画中伊塞尔头戴一顶拜占庭风格的王冠坐在宝座上，但她的表情却是惊讶的、呆滞的，仿佛看到了什么悲伤的画面。画中伊塞尔的后面站着一位仙女，目露怜悯，这也是穆夏首次用拟人化的手法呈现出一种超自然的存在。这幅画作中有一个简洁的镶框，缠绕着的双重线条形成一条绳索，围绕在伊塞尔四周。

《的黎波里公主：伊塞尔》

1897 年
实际尺寸：110.5cm × 76.5cm
现藏于：私人收藏

《拜占庭头像》

穆夏视拜占庭文明为斯拉夫文化的精神家园。在他的作品中，融入了受拜占庭艺术启发的各种装饰图案，例如马赛克元素、图标、豪华服装和配饰上的图案。这些装饰版画非常受欢迎，以至于被复制成许多不同的形式。

两位女性都在装饰有植物蔓藤花纹的华丽背景下出现。她们的头上戴着非常华丽的珠宝，这让人想起标题中所示的拜占庭风格。这两幅画中，几缕头发都落在圆形框架之外，拉近了画中人物和观众之间的距离，并为原本扁平化的构图增添了深度。圆形框架周围的精美图案模拟了花边，这是摩拉维亚工艺品中常见的另一种装饰元素。

《拜占庭头像》

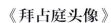

1897 年

实际尺寸：110.5cm×76.5cm

现藏于：法国巴黎　法国国家图书馆

《撒马利亚人》

　　埃德蒙·罗斯坦德是一位剧作家，他是伯恩哈特的崇拜者和恋人。他将他的四部戏剧献给了伯恩哈特，包括《撒马利亚人》。伯恩哈特饰演来自撒马利亚的女孩，她在井边遇到了基督，成为基督徒，然后鼓励她的同胞也这样做。穆夏在女孩头后的马赛克光环和支撑水罐的面板中使用希伯来文以暗示《圣经》来源。他还将希伯来文扩展到海报上其余的字母中。

《撒马利亚人》局部

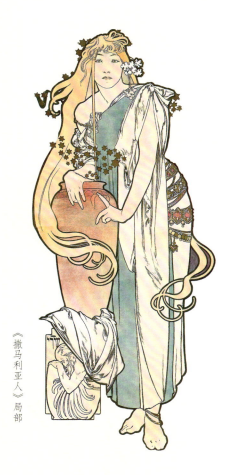

《撒马利亚人》

1897 年

实际尺寸：173cm × 58.3cm

现藏于：私人收藏

《特拉皮斯汀》

1897 年
实际尺寸：206cm×77cm
现藏于：私人收藏

《特拉皮斯汀》局部

穆夏为伯恩哈特设计的海报的风格也适用于这张海报，该海报宣传了巴黎酿酒商勒古伊和德尔伯格生产的利口酒。

海报中，年轻女子的优雅身材在装饰有圆形图案的光环上占据了主导地位，这成为穆夏风格的特征之一。在这幅海报中，女子的头发垂顺有序，一缕粗发垂下，将观众的视线引向矮桌，女子手扶一瓶特拉皮斯汀。

与其他广告海报一样，穆夏使用女性的形象作为交流媒介，首先用她引人注目的特征吸引观众的注意力，然后宣传她所体现的诱人的商业产品信息。

《特拉皮斯汀》

《萨朗波》

　　萨朗波是福楼拜同名巨著《萨朗波》中的女主人公，在穆夏的插画中，她现身画面左侧，脚边摆着为神灵奉上的祭品，旁边香炉生烟，缥缈而上。这幅画和穆夏的大部分作品一样，几乎没有留白，东方风格的装饰图案布满画面背景，这些蜿蜒曲折的线条让人联想起丝滑的绸缎，大概暗喻塔尼特神圣不可侵犯的罩袍。精美绝伦的首饰装点并支撑着她赤裸的双乳，与长裙相得益彰。女子周身洋溢着情欲气息，引诱着利比亚勇士马托，若她触碰到塔尼特的外袍便会倒地而亡，因为这是一种致命的亵渎。

《萨朗波》

1897 年

实际尺寸：37cm×21.8cm

现藏于：俄罗斯莫斯科　普希金博物馆

《即将到来的一年》

　　这幅粉笔画是在 1897 年为 1898 年的日历绘制的。它由穆夏在巴黎的印刷商尚佩努瓦印刷，但没有关于委托制作日历的公司的任何记录，也没有最终的印刷版本遗存。尽管如此，穆夏的绘画还是取得了巨大的成功。日历部分被移除，最终于 1898 年以"即将到来的一年"为标题作为装饰版画出售。

　　穆夏的画作描绘了一个拿着一束花的飘浮的蒙面女子，他用粉笔线渲染，描绘了他自 1890 年以来一直在追求的精神世界中的梦幻愿景。"即将到来的一年"不仅意味着"给意识带来一些东西"，还意味着"召唤精神的行为"。当时，穆夏与巴黎的唯灵论者关系密切，经常在他的作坊里利用一些媒介进行通灵实验。画中女子坚定的目光和僵硬的姿势，反映了这种实验对穆夏作品的影响。

《即将到来的一年》

1897 年

实际尺寸：66.5cm × 30.5cm

现藏于：捷克布拉格　穆夏博物馆

《默兹比耶尔》

《默兹比耶尔》是穆夏为默兹啤酒画的海报，海报中女人浓密的红棕色长发飘拂着，并装饰有罂粟花、雏菊、麦穗和啤酒花，其中大麦和啤酒花正是酿造啤酒的原料之一。半露香肩的女人手里拿着一杯啤酒，她具有斯拉夫人的特征，这让人想起穆夏的《四季》系列中夏季女子的形象。海报底部包含另一位艺术家的两幅图像：默兹河女神的图像和啤酒厂的鸟瞰图。

《默兹比耶尔》

1897 年
实际尺寸：154.5cm×104.5cm
现藏于：私人收藏

《白日梦》

　　与《黄道十二宫》一样，这幅石版画最初是为1898年尚佩努瓦印刷厂的日历而设计的。然而，它的立即流行使它迅速被杂志《笔》作为装饰封面出版。该作品被命名为《白日梦》。

　　穆夏的设计展示了一个梦幻般的年轻女子正在翻阅一本装饰设计书，可能是刚打印的样品。她身后的圆形图案布满花朵，它们的茎形成蕾丝状图案。

《白日梦》

1898 年

实际尺寸：72.7cm×55.2cm

现藏于：捷克布拉格　穆夏博物馆

《马松巧克力》

　　《马松巧克力》由四幅画作组成，展示了一个男人的一生，第一幅画里他还是个婴儿，第二幅画里成长为少年，到了第三幅画变成了一位成熟老练的男子，现身盛夏时节的大自然风光里，第四幅画中则变成了白发老者。然而不管时间如何流逝，这位美洲印第安人身边总是陪伴着一名形象不一的女子，或许她就是穆夏创造出来的某类仙子，与他之前以拟人化手法呈现出的超自然人物相仿。仙女的装扮略去了精巧的饰物，而印第安人身上则点缀着各种奇珍异宝，它们象征着古老的印第安文化习俗。画面角落里装饰有凤凰图案，大概寓意四季更替，新的一年将重生。

《马松巧克力》第三季度月历

1898 年

实际尺寸：30cm×21.5cm

现藏于：私人收藏

Chocolat Masson

Chocolat Mexicain

1898

JUILLET			AOUT			SEPTEMBRE		
1	v	s Martial	1	l	s Pierre ès L.	1	j	ss Leu et Gilles
2	s	Visit. de la V.	2	m	s Alphonse PL	2	v	s Lazare
3	D	s Anatole PL	3	m	s Geoffroy	3	s	s Grégoire
4	l	ste Berthe	4	j	s Dominique	4	D	ste Rosalie
5	m	ste Zoé	5	v	s Abel	5	l	s Bertin
6	m	ste Colombe	6	s	Transf. N.-S.	6	m	s Onésiphore
7	j	s Elie	7	D	s Gaëtan	7	m	s Cloud DQ
8	v	ste Virginie	8	l	s Justin	8	j	Nativ. de la V.
9	s	s Cyrille	9	m	s Amour DQ	9	v	s Omer
10	D	ste Félicité DQ	10	m	s Laurent	10	s	ste Pulchérie
11	l	s Norbert	11	j	ste Suzanne	11	D	s Hyacinthe
12	m	s Gualbert	12	v	ste Claire	12	l	s Sérsphin
13	m	s Eugène	13	s	ste Radeg. v.f.	13	m	s Maurille
14	j	FÊTE NATle	14	D	s Eusèbe	14	m	Exalt. ste Cr.
15	v	s Henri	15	l	ASSOMPT.	15	j	s Nicomède
16	s	s Hélier	16	m	s Armel	16	v	s Cyprien NL
17	D	s Alexis	17	m	s Septime NL	17	s	s Lambert
18	l	s Camille NL	18	j	ste Hélène	18	D	ste Sophie
19	m	s Vincent de P.	19	v	s Flavien	19	l	s Janvier
20	m	ste Marguerite	20	s	s Bernard	20	m	s Eustache
21	j	s Victor	21	D	ste Jeanne	21	m	s Mathieu Q-T
22	v	ste Marie Mad.	22	l	s Symphorien	22	j	s Maurice
23	s	s Apollinaire	23	m	ste Sidonie	23	v	s Lin Aut. PQ
24	D	ste Christine	24	m	s Barthél. PQ	24	s	s Andoche
25	l	s Christophe	25	j	s Louis, roi	25	D	s Firmin
26	m	ste Anne PQ	26	v	s Zéphirin	26	l	ste Justine
27	m	ste Natalie	27	s	s Césaire	27	m	ss Côme et D.
28	j	s Samson	28	D	s Augustin	28	m	s Wenceslas
29	v	ste Marthe	29	l	s Médéric	29	j	s Michel PL
30	s	s Abdon	30	m	s Fiacre	30	v	s Jérôme
31	D	s Germain l'A.	31	m	s Aristide PL			

F. Champenois PARIS

《马松巧克力》系列月历

1898 年
实际尺寸：30cm × 21.5cm
现藏于：私人收藏

《艺术》

《艺术》系列于 1898 年穆夏成名鼎盛时创作，以牛皮纸印刷，发行 1000 份，另外 50 份限量版印在缎面上。穆夏极擅长从经典中提炼出属于自己的绘画元素，并展现出具有乐观主义色彩的画面，描绘出万物欣欣向荣的景象。这获得了人们的极大喜爱，他创作的海报和广告招贴画遍布各处。

该系列中穆夏抛弃了乐器、画笔和羽毛笔等传统元素。相反，他强调自然美的创作灵感，为表现每种

艺术而设计了一个圆形背景，以大自然为主题，充分运用象征主义，将一天中的特定时间与艺术结合：被晨风吹动的落叶意在表现舞蹈，在清新的日光下描绘出一枝被彩虹包围的红色花朵，黄昏过后天空中闪耀的晚星谱写着诗歌，月出时的鸟儿之歌象征了音乐。穆夏将代表四类艺术的女性勾勒得意象飞扬：或凌空飞舞，或手摘玫瑰，或头戴桂冠，或双手抚耳，充分展现了他独特又精湛的艺术表现力。

《艺术》

1898 年
实际尺寸：60cm×38cm
现藏于：私人收藏

一个伸出双手的女孩右手拿着一朵红花。这朵花象征着大自然，是艺术家创作灵感的源泉。

《艺术：绘画》

1898 年

实际尺寸：60cm × 38cm

现藏于：私人收藏

将诗歌拟人化为一个女性形象，她陷
入沉思，凝视着月光下的乡村。编织
女子桂冠的月桂树枝是占卜和诗歌中
常见的元素。

《艺术：诗歌》

1898 年
实际尺寸：60cm×38cm
现藏于：私人收藏

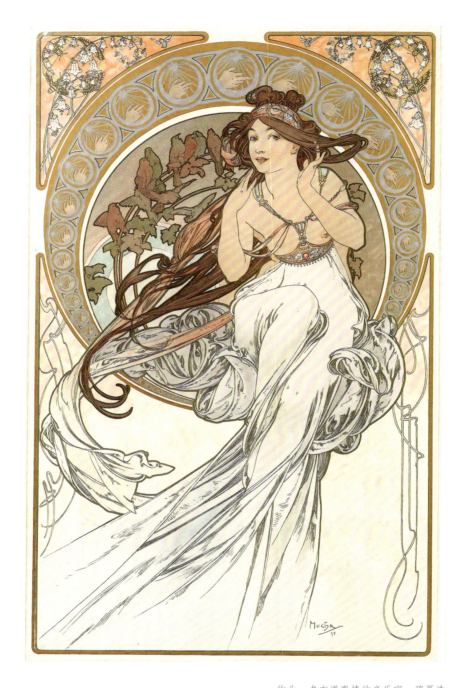

作为一名充满激情的音乐家，穆夏选择将音乐拟人化为一个双手抚耳听夜莺歌唱的女人，夜莺是最具创造力和自发性的鸣禽。

《艺术：音乐》

1898 年

实际尺寸：60cm × 38cm

现藏于：私人收藏

此画是该系列中最感性的一幅。画中
女子站立，身材婀娜，赤褐色的长发
在秋风中摇曳。

《艺术：舞蹈》

1898 年
实际尺寸：60cm×38cm
现藏于：私人收藏

《四花卉》

穆夏非常擅长将花卉作为创作主题，《四花卉》是穆夏四联版画中非常著名的作品之一，也是继《四季》之后，穆夏的第二部四联版画作品。

在这组花卉系列版画中，穆夏将四种花拟人化，描绘了象征爱情的玫瑰、象征受难的鸢尾、象征母爱的康乃馨和象征圣洁的百合，并通过四种不同类型的女性形象来表现花的视觉印象，进一步传达出每一种花的语言所包含的象征意义。此外，通过将不同姿态的女子与自然主义的图案结合，进一步增强了这些女性形象的装饰效果，这种手法在穆夏后来出版的《装饰资料画集》和《装饰人物画集》这两本书中得到了进一步的加强。

《四花卉》从左到右分别是玫瑰、鸢尾、康乃馨和百合。这四件作品其实是有宗教含义的。玫瑰代表美，与爱之神密切相关，传说玫瑰

玫瑰　　　　　　　　　　　　　　　　　鸢尾

的刺刺伤了阿芙罗狄忒的手指，她的血液把玫瑰染成了鲜艳的红色，因此玫瑰成了爱与美的象征。鸢尾是法国的国花，是智慧、信任和骑士精神的代表。鸢尾在希腊神话中代表着彩虹女神伊利斯，伊利斯在人间和天堂之间架起一道彩虹，就像架起了一座桥梁，也象征了凡人与众神之间的沟通。康乃馨代表着母子之爱，在基督教中耶稣受难之前要自己背着十字架走到处决地，因为十字架非常沉重，并且当众背负十字架是一种公开的羞辱，所以圣母玛利亚看到儿子耶稣背着十字架后当场落泪，泪水落下的地方便长出了康乃馨，因此康乃馨代表着母子之间的深爱。百合在基督教中常与圣母玛利亚联系在一起，所以也常被称为圣母百合。在基督教中，一开始认为百合是黄色的，因为圣母玛利亚弯身摘下一朵之后，百合才变成了现在的白色。百合代表着永恒闪耀的纯洁光芒。

康乃馨　　　　　　　　　　　　　　　　百合

《四花卉》

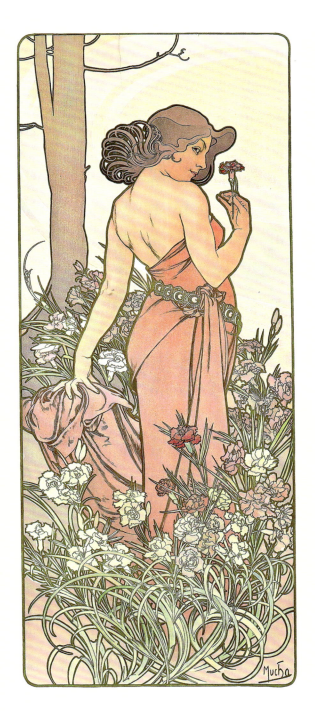

1898 年

实际尺寸：103cm × 54cm

现藏于：私人收藏

《拉丁区》杂志封面

    1892 年创刊的《拉丁区》，得名于巴黎著名学府所在地、知识分子和学术精英汇集地——拉丁区。中世纪以来，该区一直以拉丁语作为教学语言，因此素来被视作思想自由的象征，正好和主要受众是大学生的《拉丁区》杂志的创刊精神完美契合。不定期出版的《拉丁区》面向大众的理念，与穆夏倡导的让艺术走进普通人家的理念不谋而合，一系列合作由此开启。

    1898 年，穆夏为《拉丁区》在四旬斋期间推出的巴黎狂欢节特刊绘制了封面海报。当时，狂欢节是打破阶级界限的特殊存在，这一天，社会差异暂时被消除，平民与贵族都可以尽情享乐。游行队伍中的人们隐去了身份、地位，每个人的快乐都是一样的。

    艺术家通过构建一幅奇幻瑰丽的画面来表现这一日：画面中心是一位头戴城邦式冠冕的狂欢节花车女王，女王身上红黑两色交织，绣有城市徽章的斗篷点出了这场春日盛宴的举办地——巴黎。顺着女王的视线往下看，有一位忙着用鲜花装点女王衣裙的女子，她象征以各色鲜花精心装饰花车的民众。女子旁边，正挥帽致意的男子，似在高声邀请画外人加入一整日的狂欢。将视线后移，看到的是一大群身着盛装参加狂欢节游行的巴黎市民，节日氛围感一秒拉满。

    画面左侧交缠变幻的线条、女王发间和身前蜿蜒曲折的藤蔓，延续了典型的穆夏风格，散发着超越时空的魔力与魅力。

《拉丁区》杂志封面

1898 年

实际尺寸：39cm×28cm

现藏于：捷克布拉格　穆夏博物馆

《托斯卡》

　　《托斯卡》是法国剧作家维克托里安·萨尔杜创作的浪漫主义戏剧，由伯恩哈特出演。海报中用天鹅图案做装饰，天鹅会让人联想到死亡的意象，女歌者的吟唱犹如天鹅之歌，也象征着剧中女主人公弗洛里亚·托斯卡的命运。海报中她手捧着美丽的花束，呼应着她的名字弗洛里亚（拉丁语中意为"花"），她身后站着的天使也预示着托斯卡的死亡，在其得知恋人被处决后跳楼身亡。

《托斯卡》局部

《托斯卡》

1899 年

实际尺寸：103cm × 36cm

现藏于：捷克布拉格　穆夏博物馆

为酩悦香槟制作的海报

　　穆夏与酩悦香槟合作制作了许多海报、目录、明信片和其他宣传材料，这次创作的海报有多个版本。为了捕捉酩悦香槟的独特味道，穆夏选择通过描绘一个具有古典特征，穿着高领连衣裙，佩戴华丽珠宝的黑发女郎来表现。另一个版本穆夏选择了一位穿着粉色连衣裙的性感金发女孩来表现酩悦的浅色白星香槟。她裸露着肩膀，左手中捧着一盘葡萄。

右一

《帝国》

1899 年
实际尺寸：60cm×20cm
现藏于：捷克布拉格　穆夏博物馆

右二

《白星》

1899 年
实际尺寸：60cm×20cm
现藏于：捷克布拉格　穆夏博物馆

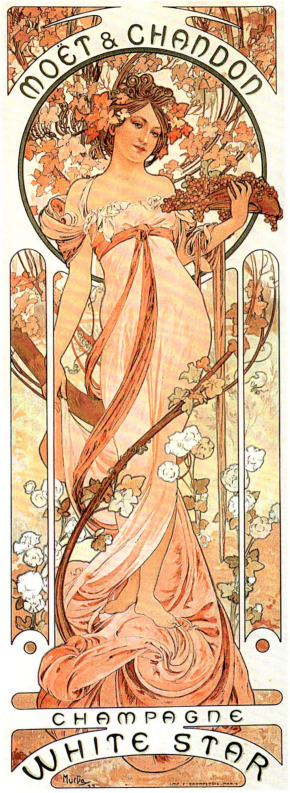

勒费弗尔·乌蒂莱饼干罐

穆夏为南特的饼干制造商勒费弗尔·乌蒂莱公司设计了这个饼干罐。勒费弗尔·乌蒂莱公司成立于1846年，是法国家喻户晓的饼干品牌。该公司委托穆夏设计饼干罐，首字母"LU"是该公司在世界范围内广为人知的标志，穆夏于1896年首次使用。

圆形桶的下部装饰着一束风格化的睡莲，中间装饰着一条饰带，描绘了六个女人斜倚在花丛中，每人拿着一盘饼干。一条较细的风格化花带将图案框在罐子的顶部。盖子上装饰着睡莲奖章。饼干罐的中心主题为1900年巴黎世界博览会上波黑馆室内壁画描绘的民间故事。

勒费弗尔·乌蒂莱饼干罐平版印刷画

勒费弗尔·乌蒂莱饼干罐

1899 年
实际尺寸：16cm × 13.5cm × 11.5cm
现藏于：捷克布拉格　穆夏博物馆

《报春花》与《羽毛》

《报春花》与《羽毛》作为双联装饰版画，是穆夏作品中比较受欢迎的系列之一。画作中不同明暗的背景对比衬托出两位女神，仿佛她们就站立在我们的眼前。两位女神手中拿着的分别是代表初恋的报春花和代表文学的羽毛笔，拜占庭样式的头饰点缀在两位女神的头上，繁复的头饰与简约的服饰形成对比，展现出优雅的美感。

左一

《报春花》

1899 年
实际尺寸：76.5cm×31.8cm
现藏于：法国巴黎　法国国家图书馆

左二

《羽毛》

1899 年
实际尺寸：76.5cm×31.8m
现藏于：法国巴黎　法国国家图书馆

《一日时序》

《一日时序》是以一天中的四个时段为主题的四联画，分别表现了苏醒的早晨、光辉的白天、傍晚的幻想和夜晚的休憩。

四位曼妙的女子以不同的自然风景为背景，每一幅都装饰有哥特式画框，画框内侧绘有四种不同的花卉，与一日四时相呼应。代表早晨的是杜鹃花，代表白天的是牵牛花，代表傍晚的是大丽花，代表夜晚的是罂粟花。这四位女子头部的位置不一，姿态各异。

仔细观察能够发现，四幅画中女子的头部位置先从低到高，再逐渐降低，与一天中太阳在空中运行的轨迹相一致，另外背景中自然风光的色彩是从明亮渐变到暗淡，女性头发的颜色是由浅到深的，这也和日光在一天之内的色彩变化相一致。

《一日时序》

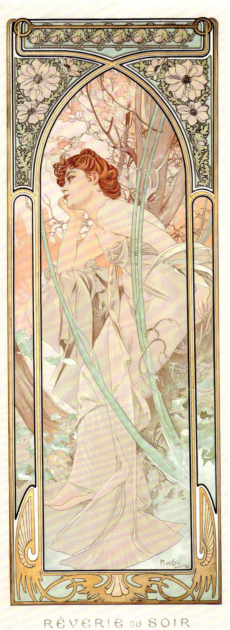

T DU JOUR   RÊVERIE DU SOIR   REPOS DE LA NUIT

1899 年
实际尺寸：107.7cm × 39cm
现藏于：捷克布拉格　穆夏博物馆

《哈姆雷特》

　　《哈姆雷特》是穆夏为伯恩哈特创作的最后一幅海报，创作时间为 1899 年。伯恩哈特在 1886 年首次参演这部剧，但她当时扮演的不是男主角哈姆雷特，而是奥菲莉娅（哈姆雷特心爱的女子）。1899 年新版《哈姆雷特》公演时，伯恩哈特反串出演了男主角哈姆雷特，受到了大众的好评和热捧。

　　在穆夏执笔的戏剧海报中，伯恩哈特化身为男主角哈姆雷特，身着深色衣装，披着墨绿色斗篷，手握复仇之剑，神色凝重。两只不死鸟一左一右盘旋，象征着灵魂不灭、牺牲自我和果断决绝。老国王被弟弟克劳狄斯谋杀后化身为蓝色幽灵，隐于半圆形窗框

《哈姆雷特》

中。哈姆雷特脚下的长方形画框犹如墓穴，心爱之人奥菲莉娅被花朵簇拥长眠其中，这一设计还原了戏剧中"奥菲莉娅身着盛装，在铺满鲜花的溪流中自溺而亡"的情节。幽蓝色调刻画出死亡带来的冰冷刺骨之感，与背景花纹鲜明的红黄两色形成对比，层次分明的画面结构让海报的氛围更显阴森诡异，为戏剧的展开埋下了伏笔。

1899 年
实际尺寸：207.5cm × 76.5cm
现藏于：俄罗斯莫斯科 普希金博物馆

《黎明》

《黎明》和《黄昏》是穆夏在 1899 年创作的系列装饰版画，表现了女性慵懒的神态，并通过色调的变化来表现同一个季节同一天的不同时间段。

《黎明》表现的是清晨的场景，年轻丰满的女子在第一缕阳光下掀起盖在身上的薄纱，注视着缓缓升起的太阳，远处的景象朦朦胧胧地笼罩在晨曦的光晕中，植物在柔和的光晕下透着勃勃生机。

《黎明》

1899 年
实际尺寸：50.14cm×96.5cm
现藏于：私人收藏

《黄昏》

1899 年
实际尺寸：50.14cm × 96.5cm
现藏于：私人收藏

　　《黄昏》表现的是傍晚时分，年轻美丽的女子双眼低垂，婀娜的身体覆盖在薄纱下，薄纱上的褶皱恰到好处地衬托出女子的体态，她背对着快要落山的夕阳，夕阳的余晖将整个画面染成了橘红色。柔软的身体周围围绕着有褶皱和植物元素的薄纱，让人眼花缭乱的线条有秩序地切割着画面。

《黄昏》

《花丛中的女人》

画作中女人的大部分身体淹没在花海之中。画面中的曲线千变万化，弯曲的线状图案堆叠繁生，生硬的直线仿佛被排斥在外。她头戴一顶拜占庭装饰风格的冠冕形发饰，一对长链耳坠点缀双耳，坠链上镶有精巧的金色圆片，顺势垂落双肩。首饰与繁花在穆夏的作品里交相辉映，而芳香四溢的花朵同时也是装点大自然的"饰物"。艺术家的落款现于花茎之上。

《花丛中的女人》

1900 年
实际尺寸：58.5cm×75.2cm
现藏于：私人收藏

第二部分 穆夏的艺术世界 ——67 幅经典作品解析 **099**

霍比甘特香水厂雕像

　　这件半身像由著名的巴黎香水商霍比甘特委托制作并在1900年巴黎世界博览会上展出。

　　霍比甘特香水的柔和花香沁润在一位沉思的年轻女子身上，她戴着高大的拱形皇冠，皇冠上装饰着宝石和银百合。

　　虽然这个半身像的形式是受文艺复兴时期雕塑的启发，但穆夏选择使用现代银和包裹镀金技术创造引人注目的效果。展览中，该雕像位于展示柜的中间，并被置于鸢尾花、玫瑰和紫罗兰花环上方。

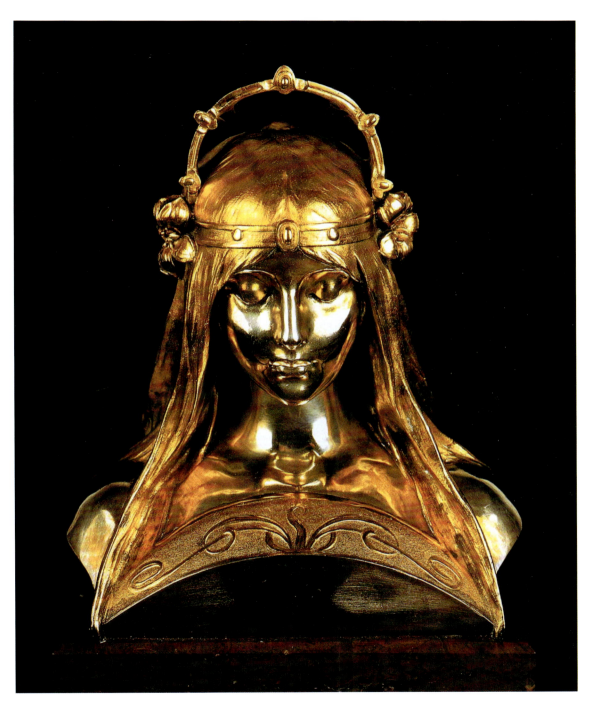

霍比甘特香水厂雕像

1900 年
实际尺寸：29cm × 22cm × 10cm
现藏于：捷克布拉格 穆夏博物馆

带吊坠的装饰链

这件美观的珠宝作品专为巴黎领先的珠宝商富凯设计，在 1900 年巴黎世界博览会富凯珠宝店的展台上展出。

这件作品结合了东西方艺术的元素，穆夏为酩悦香槟设计的海报中也有此作品出现。在 1898 年左右开始的与富凯的三年合作中，穆夏又设计制作了几件作品，包括《美狄亚》海报中哈恩伯特的蛇形臂钏。他们的合作关系在新的富凯商店时期达到顶峰，该商店于 1901 年在巴黎皇家街开业。

带吊坠的装饰链

1900 年

实际尺寸：159cm（长度）

现藏于：捷克布拉格 穆夏博物馆

《装饰文档》

　　除了这些留存至今的珠宝外，更多关于美和珠宝的幻想藏在《装饰文档》里。早在1898年穆夏就决定制作一本传授自己的知识和技能的手册，这本手册是新艺术风格重要的文献资料，里面包含了珠宝首饰和其他装饰物设计的样式，因为内容实用丰富，所以在设计师、艺术家中广为流传。

《装饰文档》封面

1901~1902 年
实际尺寸：50cm×39cm
现藏于：捷克布拉格　穆夏博物馆

左一
《装饰文档》关于首饰的设计

1901~1902 年
实际尺寸：50.5cm×39cm
现藏于：捷克布拉格　穆夏博物馆

左二
《装饰文档》关于灯饰的设计

1901~1902 年
实际尺寸：50.5cm×39cm
现藏于：捷克布拉格　穆夏博物馆

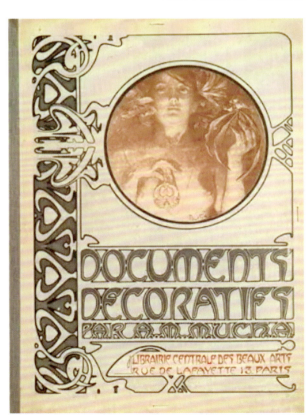

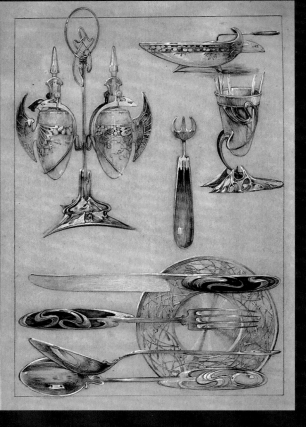

《装饰文档》关于餐具的设计

《宝石》

　　《宝石》四联画是穆夏的装饰艺术进入鼎盛时期的创作，被认为是穆夏版画中的杰作。在这个系列中，女性是四颗宝石的拟人化。每个面板中，构图的上半部分都描绘了四位发型、装束和姿态各不相同的妙龄女子与装饰性圆环图案，下半部分

《宝石》

1900 年

实际尺寸：114cm×45cm

现藏于：捷克布拉格　穆夏博物馆

画有与其所象征的宝石——红宝石、紫水晶、翡翠和黄玉相对应的四种花卉。这些花卉不仅起到了平衡画面的作用，其色彩还与主体人物的头发、服饰甚至眼睛的颜色相呼应，而四位女子流露出的气质也与其所象征的宝石特质相映成趣，使整个画面都洋溢着令人赏心悦目的和谐之感。

《宝石：红宝石》

1900 年
实际尺寸：114cm×45cm
现藏于：捷克布拉格　穆夏博物馆

女子俏皮地抚摸着她华丽的红
宝石项链。该作品以红色为主，
象征着爱和激情。

《宝石：紫水晶》

1900 年

实际尺寸：114cm×45cm

现藏于：捷克布拉格 穆夏博物馆

穆夏打破了构图的对称性，
女子用手掀起头发，抬起的
左臂对着观众，左臂到背景
紫色圆盘边缘的距离明显小
于右臂，形成了不对称感。
穆夏的初步草图显示，他最
初计划描绘一个从腰部以上
赤裸的人物，但尚佩努瓦要
求遮盖她的乳房，以免遭到
道德方面的抵制。

L'AMÉTHYSTE

L'ÉMERAUDE

《宝石：祖母绿》

1900 年
实际尺寸：114cm×45cm
现藏于：捷克布拉格　穆夏博物馆

祖母绿被描绘成一种神秘而危险的宝石。有动物头的扶手椅的创作灵感来自穆夏自己的一把椅子。从他的许多绘画和照片中都可以看到这一点。

《宝石：黄玉》

1900 年
实际尺寸：114cm × 45cm
现藏于：捷克布拉格　穆夏博物馆

画中女子梦幻般的表情让人
想起穆夏在美分沙龙个展上
的海报。穆夏使用了平淡的
色彩和大胆的轮廓，如构图
下半部分的植物，表现了他
对日本版画的喜爱之情。

LA TOPAZE

普菲达自行车海报

海报中一个年轻女孩俯身扶着自行车把手，风格明显的"通心粉长发"随风散在身后，欢快地飞舞，从画作中仿佛就能感受到骑自行车的乐趣。这一时期穆夏海报中的女孩呈现出健康、鲜活、妩媚脱俗的美感，"通心粉长发"和植物元素的结合丰富了画面的层次，使画面内容丰富华丽。

普菲达自行车海报

1902 年
实际尺寸：155cm × 104cm
现藏于：捷克布拉格　穆夏博物馆

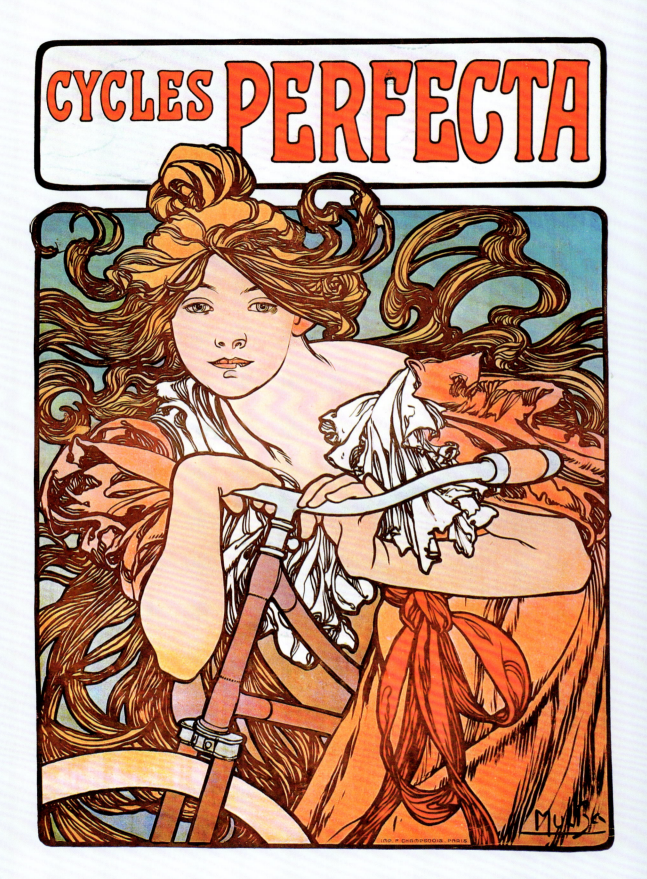

莎拉·伯恩哈特露怡
饼干广告招贴画

在这张广告海报中，伯恩哈特身着戏剧《远方的公主》中女主人公的戏服，这出戏剧取材自一个发生在 12 世纪的爱情悲剧，布莱王子若弗蕾·吕德尔爱上了这个远方的公主，可他们天各一方，备受相思之苦。

这个爱情故事激发出了穆夏的创作灵感。海报中一个充满异国情调的小雕像浮现于近景中，上方的镶框中各有一只凤凰。伯恩哈特的头发上点缀着穆夏最喜爱的白百合，而百合常与圣母玛利亚联系在一起，象征着纯洁。因此这张广告海报不仅用来宣传露怡饼干，还是一幅描绘纯粹爱情的美妙画卷。

莎拉·伯恩哈特露怡饼干广告招贴画

1903 年
实际尺寸：72cm×53cm
现藏于：捷克布拉格　穆夏博物馆

《百合圣母》

1902 年，穆夏受委托装饰耶路撒冷一座献给圣母玛利亚的教堂。这里展示的是《百合圣母》的最终版本，是教堂的壁画之一。该项目后来因未知原因被取消，因此只剩下这幅画和它的早期版本（日本堺市收藏），以及彩色玻璃窗的设计。

根据穆夏写给妻子玛丽的信，他把这个主题设想为"处女座的纯洁"，因此描绘了圣母的天堂景象，周围环绕着一团百合花，象征着纯洁。身着斯拉夫民族服装的年轻女孩坐着，手里拿着常青藤叶子编成的花环。她严肃的表情与圣母的空灵形象形成鲜明对比。

《百合圣母》

1905 年
实际尺寸：247cm × 182cm
现藏于：私人收藏

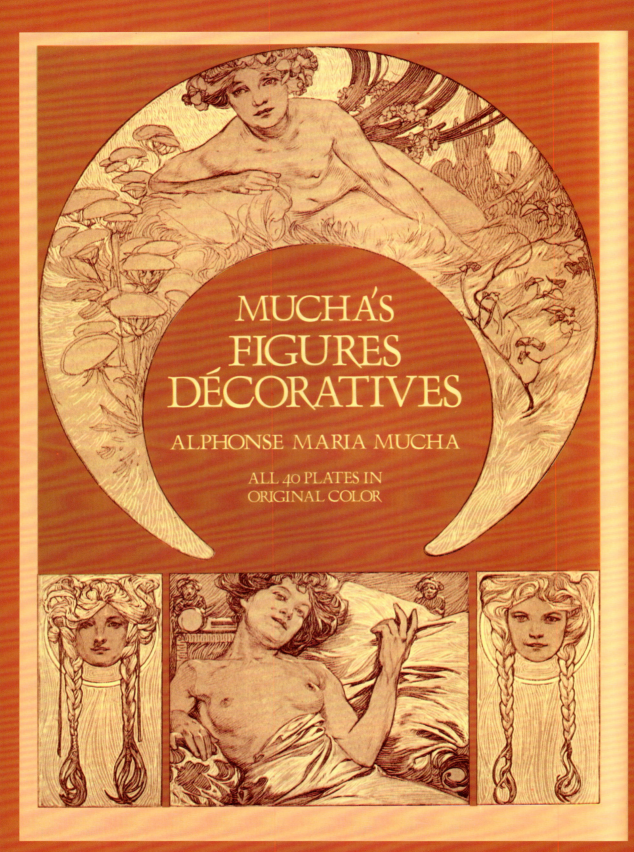

MUCHA'S
FIGURES
DÉCORATIVES

ALPHONSE MARIA MUCHA

ALL 40 PLATES IN
ORIGINAL COLOR

《装饰人物》

穆夏在 1905 年创作了设计图书《装饰人物》，这是一本设计手册。穆夏在不同的板块展现人体的各种姿势，将几何图形运用到他对女性人物的刻画中。《装饰人物》被认为是新艺术运动作品的收藏夹。《装饰人物》最初于 1905 年出版，是新艺术运动里程碑式的图书，收纳了穆夏在 1895~1905 年期间的艺术作品。穆夏作品中纯正的线条和比例美来自大自然，他不仅仅是自然的模仿者，还将自然的韵律转化为散发无限魅力的作品。

此书由铅笔画、木炭画和粉笔画组成，都是穆夏作品的精髓，书中收录了有细腻阴影和流畅线条的精湛插图。其中妇女、年轻女孩和男子的图像被放置在矩形、三角形、星形、圆形和许多不规则的几何图形中。画面中的各种元素都具有一种和谐感，每个人物的姿势都具有一种平衡感。这些都是穆夏对构图、装饰深度探索的结果。

《装饰人物》封面

1905 年
实际尺寸：36.8cm×26.4cm
现藏于：捷克布拉格　穆夏博物馆

《装饰人物》内页一

1905 年

实际尺寸：36.8cm×26.4cm

现藏于：捷克布拉格　穆夏博物馆

《装饰人物》内页二

1905 年

实际尺寸：36.8cm×26.4cm

现藏于：捷克布拉格　穆夏博物馆

《装饰人物》内页三

1905 年
实际尺寸：36.8cm×26.4cm
现藏于：捷克布拉格　穆夏博物馆

《装饰人物》内页四

1905 年
实际尺寸：36.8cm×26.4cm
现藏于：捷克布拉格　穆夏博物馆

萨翁·穆夏·维奥莱特肥皂盒

1906 年
实际尺寸：31cm×18cm
现藏于：私人收藏

萨翁·穆夏·维奥莱特肥皂盒

　　1906 年，在穆夏第三次访问美国期间，受委托为芝加哥的 Armour & Co 设计肥皂盒。这款肥皂被命名为"穆夏肥皂"，这使他成为第一位冠名家用产品品牌的名人艺术家。

　　折叠屏风形状的肥皂盒在商店中的销售点展示，肥皂盒以肥皂的四种香味为特色：紫罗兰味、紫丁香味、向日葵味和檀香味，每种肥皂盒的表面都有一个美丽的女人。

《莫德·亚当斯》

穆夏将莫德·亚当斯的肖像画成圣女贞德，以宣传弗里德里希·席勒的戏剧《奥尔良少女》。画面中贞德还是一位照看羊群的牧羊女，她衣着简朴，但身上的披帛飘荡出华美的褶纹，旋落向前方大地，仿佛回应着上天的召唤。另外，她扬起的左手摆在耳旁，呈现出聆听上帝之声的姿势，身后是开满浅色花朵的树枝。画面中，百合花围绕四周，也凸显出圣女的贞洁。

《莫德·亚当斯》

1908 年

实际尺寸：208.9cm×76.2cm

现藏于：美国纽约　大都会艺术博物馆

西南摩拉维亚联盟彩票

穆夏设计这张海报是为了宣传摩拉维亚西南部的捷克学校为筹集资金而出售的彩票。在奥匈帝国残酷的德国化政策下，捷克语只能在当地社区开办的私立学校教授。这些彩票以一克朗的价格出售，利润用于支持这些私立学校。

海报中，捷克民族神话中具有象征性的母亲切基亚坐在一棵枯树上，无助地哭泣。前景中，一个拿着书和铅笔的小女学生用责备的眼神盯着观众，希望人们救助生病的切基亚并支持她的教育。

西南摩拉维亚联盟彩票

1912 年

实际尺寸：128cm×95cm

现藏于：捷克布拉格　穆夏博物馆

第六届索科尔音乐节海报

　　在哈布斯堡王朝的统治下，捷克人被禁止组建政治组织。捷克人的爱国情绪不得不被掩饰起来，只能通过看似安全的方式表达出来。"猎鹰"表面上是组织年轻人进行田径训练并参加全国体育比赛的体操协会。然而，它真正的目的是有政治性的，试图唤起民族主义精神并抵制德国化。通过为其制作海报，穆夏也加入了该协会的爱国事业。

　　这张海报中，穆夏结合了现实和象征元素。穿着红色斗篷的年轻女孩是布拉格的化身，她的王冠让人想起城墙，左手中的法杖上有布拉格的标志，右手中拿着用国树菩提树的树枝制成的花环。背景中，一个代表早期斯拉夫人精神的年轻女子左手擎着一只猎鹰，右手拿着一个象征着未来和希望的尖刺太阳圈。

第六届索科尔音乐节海报

1912 年
实际尺寸：168.5cm×82.5cm
现藏于：捷克布拉格　穆夏博物馆

《在故乡的斯拉夫人》

这幅大型布面油画和蛋彩画是穆夏的"斯拉夫史诗"系列 20 幅画中的第一幅。这是一件象征主义作品，画作的时间背景是 4~6 世纪，此时，斯拉夫部落是聚居在维斯瓦河、第聂伯河、波罗的海和黑海之间的沼泽中的农业民族。由于没有政治力量保护，他们的村庄不断受到来自西方的日耳曼部落的攻击，这些部落会烧毁他们的房屋并偷走他们的牲畜。

前景中的一对夫妇蜷缩在灌木丛中，远处的地平线上，他们的村庄正在被烧毁，夫妇脸上的恐惧和脆弱表现出他们恳求人们的帮助。画作右边上部可以看到一位异教牧师在空中升起，两侧是两个象征战争与和平的年轻人。

穆夏认为他的艺术是斯拉夫民间艺术传统的延续，代表了斯拉夫人民视觉审美的发展历史。通过这个系列，穆夏试图集中他的野心，创作出一部可以献给捷克同胞和捷克民族的杰作。这一系列的画作有着重大历史意义。

《在故乡的斯拉夫人》

1912 年
实际尺寸：610cm×810cm
现藏于：捷克布拉格　穆夏博物馆

1912 年

实际尺寸：610cm × 810cm

现藏于：捷克布拉格　穆夏博物馆

"斯拉夫史诗"系列二：

《斯万托维特的庆典》

《斯万托维特的庆典》

这幅画作是"斯拉夫史诗"系列中的第二幅，标题中的斯万托维特指的是斯万托维特神庙，8~10世纪，斯拉夫人向西扩张，在鲁哈纳岛（今德国吕根岛）的阿尔科纳市建造了一座献给斯拉夫异教神斯万托维特的神庙。每年秋天，来自西班牙的朝圣者都会前往神庙庆祝一年一度的丰收节。

从画面的下半部分，我们看到斯拉夫人在神庙举办庆典，而画面上半部分揭示了即将发生的事情——1168年丹麦人袭击了鲁贾纳并摧毁了神庙。随着波罗的海地区被日耳曼人统治，斯万托维特成为波罗的海斯拉夫人昔日辉煌的象征。

穆夏没有专注于神庙本身，而是选择将重点放在画面底部三分之一处身着白色衣服的节日朝圣者身上。他们似乎没有注意到他们上方的神正与一群狼率领的迎面而来的敌人作斗争。不祥的天空与下面充满阳光的场景形成鲜明对比。一位年轻的母亲怀里抱着孩子，心疼地望着观众，仿佛只有她知道这座城市即将消亡。

《斯拉夫礼仪的引入》

《斯拉夫礼仪的引入》

德国基督教传教士在 8 世纪下半叶领导了整个摩拉维亚帝国的十字军东征。为了防止斯拉夫语的消亡，罗斯蒂斯拉夫王子聘请了萨洛尼卡两位博学的僧侣西里尔和美多迪乌斯将《圣经》翻译成古教会斯拉夫语。这一举动遭到德国主教的反对，美多迪乌斯不得不前往罗马为翻译辩护。他成功地获得了罗马的许可继续他的工作，并因其工作努力被任命为大摩拉维亚大主教。在随后的几个世纪中，美多迪乌斯和西里尔的翻译对斯拉夫语的存续起到了重要作用，他们成为斯拉夫人最受欢迎的圣人。

穆夏的《斯拉夫礼仪的引入》描绘了美多迪乌斯从罗马胜利返回大摩拉维亚的过程。美多迪乌斯是中间左侧长着大胡子的人物，由他的两名追随者支持。罗斯季斯拉夫亲王的继任者斯瓦托普卢克亲王坐在最右边的宝座上，听着神父宣读教皇的信。画作右上角是支持基督教以斯拉夫语传播的统治者的风格化人物：保加利亚的鲍里斯和俄罗斯的伊戈尔与他们各自的妻子。前景中，一个握紧拳头和右手拿着圆圈的青年形象象征着斯拉夫人的力量和团结。

1912 年

实际尺寸：610cm × 810cm

现藏于：捷克布拉格　穆夏博物馆

《保加利亚沙皇西蒙》

摩拉维亚大主教美多迪乌斯去世后，斯瓦托普卢克王子撤销了将《圣经》翻译成斯拉夫语的支持，并将其追随者驱逐出摩拉维亚。保加利亚沙皇西蒙是一位博学的领袖，对拜占庭文学充满热情，他给了这些被驱逐的追随者们庇护并鼓励他们继续工作。

穆夏在大教堂墙壁上绘制的拜占庭壁画使被驱逐的斯拉夫礼仪追随者永垂不朽。穆夏将沙皇西蒙置于构图的中心，前景描绘的是西蒙与他的追随者和抄写员正在交流，教会和宫廷的官方成员则被置于背景中。穆夏使用丰富的色彩和温暖的色调，将观众的视线吸引到西蒙身上，捕捉到他追求知识的辉煌和高贵。

《保加利亚沙皇西蒙》

1923 年
实际尺寸：405cm×480cm
现藏于：捷克布拉格　穆夏博物馆

《波希米亚国王
普热米斯尔·奥托卡二世》

　　国王普热米斯尔·奥托卡二世于 1253~1278 年统治波希米亚。因其军事实力被称为"铁王"，还因其在库特纳霍拉银矿积累的财富被称为"金王"。任职期间他一直为波希米亚人的后代争取和平。在他的侄女勃兰登堡的昆胡塔与匈牙利国王贝拉四世的儿子结婚之际，普热米斯尔试图邀请斯拉夫统治者与所有出席者建立持久的联盟。

　　穆夏描绘了国王普热米斯尔·奥托卡二世在婚礼前迎接客人的场景。国王站在一个内置小教堂的华丽帐篷的中心，与两位客人手牵手，以示友谊。

《波希米亚国王普热米斯尔·奥托卡二世》

1924 年
实际尺寸：405cm×480cm
现藏于：捷克布拉格 穆夏博物馆

《沙皇斯捷潘·杜尚》

斯捷潘·杜尚在 1300 年扩大了斯拉夫领土，并颁布了在整个帝国都有效的法典。1346 年，在与拜占庭帝国的战争中取得连续胜利后，他在斯科普里加冕为塞尔维亚人和希腊人的沙皇。

这幅画作中，穆夏描绘了沙皇加冕后的游行队伍。杜尚站在游行队伍中间，两边各有两个人拿着富丽堂皇的长袍。游行队伍由身着塞尔维亚民间服饰的年轻女孩带领，此作品表现了穆夏的信念，即年轻一代将实现斯拉夫理想。

《沙皇斯捷潘·杜尚》

1926 年

实际尺寸：405cm×480cm

现藏于：捷克布拉格 穆夏博物馆

《克罗梅里斯的扬·米利奇》

克罗梅里斯的扬·米利奇是一位博学的年轻神学家，他在教会和查理四世的宫廷中担任要职。米利奇对神职人员的不道德和放纵行为感到震惊，因此他辞去了自己的职务，并将自己的一生献给了城市里的穷人们，并宣传反对教会的违法行为。

1372年，他的宣传使许多人开始忏悔，同时也开始帮助其他人。受查理四世和几个市民的捐赠，米利奇建立了一个避难所、一座教堂和一座献给抹大拉的玛利亚的修道院。

穆夏描绘了建造避难所的过程。画中，米利奇穿着蓝色长衣，留着长长的灰胡子，谦逊地站在脚手架的顶端进行布道。下面在忏悔的妇女们用白色的长袍替代了她们的珠宝，象征着她们的纯洁。前景中，一个穿红色衣服的女人被堵住了嘴，以防止她说闲话。

《克罗梅里斯的扬·米利奇》

1916 年

实际尺寸：620cm×405cm

现藏于：捷克布拉格　穆夏博物馆

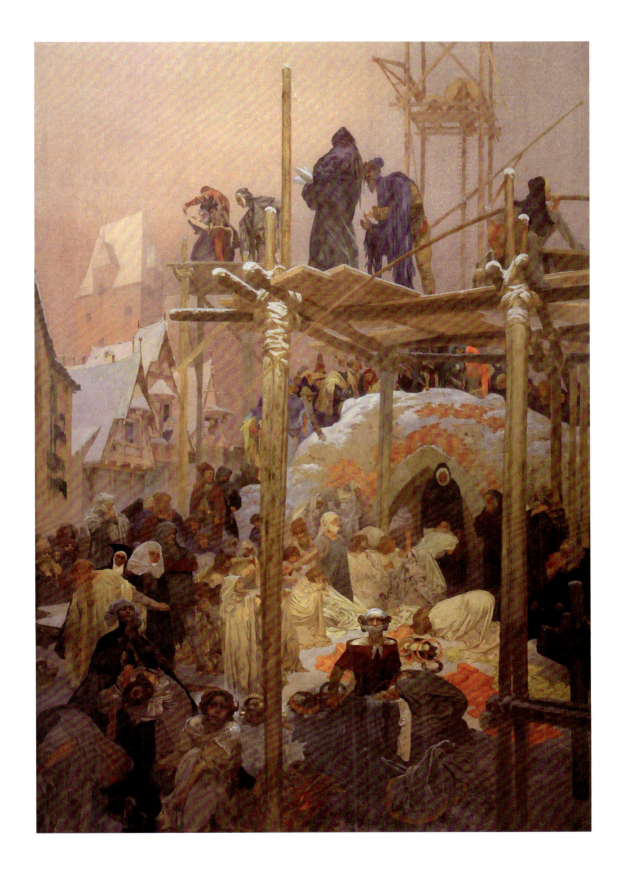

《格鲁内瓦尔德战役之后》

1924 年
实际尺寸：610cm×810cm
现藏于：捷克布拉格　穆夏博物馆

《格鲁内瓦尔德战役之后》

条顿骑士团的德国天主教军事基地于 1400 年初驻扎在波罗的海地区，目的是在该地区的异教部落中传播基督教，并传播到波兰和立陶宛以外的地区。为了保护自己的土地免受天主教的殖民统治，斯拉夫人、波兰人和立陶宛人签署了一项条约。1410 年 1 月 5 日，盟军在波兰的格鲁内瓦尔德的激烈战斗中击败了图埃托尼骑士团。

穆夏选择在第二天早上描绘战斗的场景。波兰国王瓦迪斯瓦夫站在尸体满地的战场中央，惊恐地捂住脸。他的国家可能是自由的了，但这种自由是有代价的。

《格鲁内瓦尔德战役之后》局部

《扬·胡斯大师在伯利恒教堂讲道》

扬·胡斯生于 1374 年,是捷克宗教改革中最有影响力的神职人员之一。他拒绝天主教会的过分行为,并认为《圣经》是上帝话语的唯一真正来源。1414 年,他被传唤到康斯坦茨会议为他的教义辩护。尽管持有神圣罗马帝国皇帝西吉斯蒙德颁发的安全通行证,但他还是被宣布为异端,并在次年被烧死在火刑柱上。他的死引发了捷克民族主义者的叛乱,最终导致胡斯战争。

穆夏描绘了 1412 年胡斯在布拉格伯利恒教堂向着迷的听众讲道。胡斯让未来的军事领袖扬·齐兹卡站在左边的墙边,而国王瓦克拉夫四世的妻子索菲亚王后和她的侍女们坐在右侧专心地听着。

1916 年
实际尺寸:610cm×810cm
现藏于:捷克布拉格　穆夏博物馆

《克日兹基会议》

　　扬·胡斯因被定为异端而死在火刑柱上，此事成为捷克反对天主教会不道德行为的导火索。越来越多的捷克神职人员开始反对教皇的统治，用捷克语布道。他们被教皇定为异端，在康斯坦茨会议中教皇下令将他们从教区中移除。布拉格的查理大学也被关闭，学校的教学停止。骚乱接踵而至，胡斯的追随者开始聚集在城墙外的偏远地区，准备发动叛乱。

　　穆夏描绘了 1419 年 12 月 30 日在布拉格南部的克日兹基举行的最重要的集会。激进的传教士科兰达呼吁胡斯的追随者拿起武器捍卫自己的信仰。他站在临时的讲坛上，面对着到达克日兹基的成群结队的追随者祈祷。头顶的黑暗天空宣告着胡斯战争即将失败。

《克日兹基会议》

1916 年
实际尺寸：620cm×405cm
现藏于：捷克布拉格　穆夏博物馆

《维特科夫山战役之后》

国王瓦茨拉夫四世于 1419 年 8 月去世后，他的兄弟匈牙利国王西吉斯蒙德继位。然而，捷克人民认为他对扬·胡斯的死负有责任，拒绝承认他的国王地位。在天主教会和德国军队的支持下，西吉斯蒙德发起了反对胡斯运动的十字军东征，并成功占领了布拉格城堡，并加冕为国王。

1420 年 7 月，胡斯派在布拉格郊区的维特科夫山袭击西吉斯蒙德。在他们的军事领导人扬·齐兹卡的带领下，胡斯派追随者的军队与来自布拉格的捷克士兵一起从后方发动了突然袭击。他们一起成功地击退了西吉斯蒙德和他的手下，迫使他们撤退，西吉斯蒙德退位。

穆夏的作品描绘了带领捷克士兵从布拉格出发的牧师举行的庄严弥撒。他手上拿着一件圣衣，被趴在地上祈祷的神职人员包围。冉冉升起的太阳穿透云层，将天上的聚光灯投射在胜利的领袖齐兹卡的身上，他站在画面的右边，脚下拿着被征服军队的武器。画作左下角的一位母亲正在照顾她的孩子，她背弃了宗教庆祝活动，毫无疑问，随着胡斯战争的继续，人民将遭受更多的流血牺牲。

《维特科夫山战役之后》

1923 年

实际尺寸：620cm × 405cm

现藏于：捷克布拉格　穆夏博物馆

《在沃德纳尼的彼得·切尔契茨基》

1918 年
实际尺寸：405cm×610cm
现藏于：捷克布拉格 穆夏博物馆

《在沃德纳尼的
彼得·切尔契茨基》

彼得·切尔契茨基是来自波希米亚的和平主义思想家，他强烈反对以宗教名义发动战争和军事行动。穆夏赞同彼得·切尔契茨基的大部分想法，并选择在这幅画布上描绘胡斯战争中更险恶的一面，突出战争对无辜受害者生活的影响。

沃德纳尼村一再成为胡斯派袭击的目标，居民被迫逃离家园，将伤者和死者的尸体带到附近的切尔契采镇。他们沉浸在对胡斯派的愤怒中，聚集在受害者的尸体和他们设法带出来的少数财产周围。彼得·切尔契茨基站在画面的中心，右胳膊下夹着一本《圣经》，他为受害者提供安慰，并恳求他们不要被复仇蒙蔽。

"斯拉夫史诗"系列十三：

《胡斯国王伊日·波德布拉德》

到了 1430 年，罗马被迫承认胡斯派的力量，并在一项名为《巴塞尔契约》的条约中正式承认乌特拉奎斯特教会的信仰。

1458 年，波希米亚选出了大约 150 年来第一位捷克本土国王伊日·波德布拉德，他成为一位非常受欢迎的统治者。1462 年，伊日国王派遣一个代表团前往罗马，确认他的当选和《巴塞尔契约》中授予乌特拉奎斯特教会的宗教特权。教皇庇护二世不仅拒绝承认该条约，还派他的一位红衣主教回到布拉格，命令伊日·波德布拉德取缔乌特拉奎斯特教会，并将波希米亚王国归还罗马。

这幅画中，穆夏描绘了红衣主教范廷对布拉格的访问以及随后他与伊日国王的对抗。红衣主教范廷穿着红色长袍傲慢地站着，国王愤怒而蔑视地踢翻了他的宝座。他拒绝承认教皇的权威，这引起了宫廷成员的畏惧和惊讶。前景中的一个小男孩合上了一本名为《罗马》的书，预示着伊日国王与罗马的合作已经结束。

《胡斯国王伊日·波德布拉德》

1923 年
实际尺寸：405cm×480cm
现藏于：捷克布拉格　穆夏博物馆

"斯拉夫史诗"系列十四：

《西格特瓦尔的牺牲》

1566 年，土耳其军队向锡盖特市推进，向东扩张到奥斯曼帝国。在克罗地亚贵族尼古拉·兹林斯基的领导下，锡盖特及周边地区的居民聚集在城墙内并关闭了大门。19 天后，当土耳其士兵攻破防御工事时，兹林斯基拒绝投降。尽管他勇敢地率领军队冲出城市，但他和他的士兵在一次凶猛的袭击中丧生。当兹林斯基的妻子伊娃看到土耳其人占领了这座城市时，她决定放火烧城墙，杀死无数士兵并阻止土耳其人向中欧推进。

穆夏的作品描绘了伊娃决定牺牲这座城市和人民以保护她的国家免受土耳其人的侵害。一股黑烟从她扔燃烧的火炬的地方冒出来。在军队的左边，男人准备最后的进攻，而在右边，女人试图躲避土耳其人。

《西格特瓦尔的牺牲》

1914 年
实际尺寸：610cm×810cm
现藏于：捷克布拉格　穆夏博物馆

《在伊万契采的弟兄会学校》

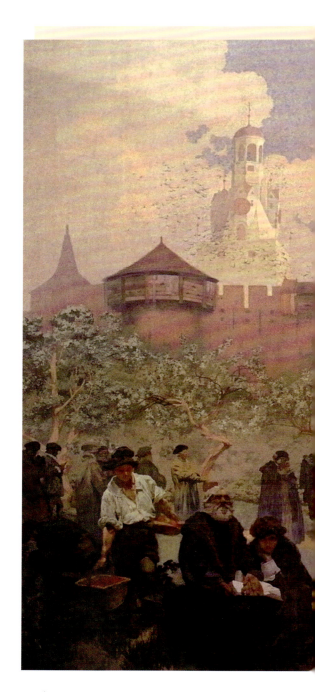

弟兄会于 1457 年在波希米亚成立。在扬·胡斯和彼得·切尔契茨基的领导下，弟兄会成员相信教育是传播信仰的关键。在波希米亚小镇伊万契采——穆夏的出生地，弟兄会成员制作了《新约》的捷克语译本。后来，当印刷机被转移到附近的克拉利斯镇时，这部作品被称为《克拉利斯圣经》，成为被捷克民族认同的重要象征，它还有助于保持捷克语的活力。

穆夏描绘了他的家乡伊万契采。在一个阳光明媚的秋日，勤劳的弟兄们聚集在印刷机周围，检查第一批印刷成品。前景中，一个年轻的学生正在给一位老人读《圣经》。他望向观众，严厉的表情似乎预示着即将到来的迫害迫使弟兄们逃离这个国家。

1914 年

实际尺寸：610cm×810cm

现藏于：捷克布拉格　穆夏博物馆

《在伊万契采的弟兄会学校》

《扬·阿莫斯·科缅斯基》

1918 年
实际尺寸：405cm×620cm
现藏于：捷克布拉格　穆夏博物馆

《扬·阿莫斯·科缅斯基》

1619 年，神圣罗马帝国皇帝斐迪南二世成为波希米亚国王。他着手在新教占主导地位的地区恢复罗马天主教会，从而引发了一场起义，并且于 1620 年在布拉格附近的白山战役中达到高潮。3 万名捍卫宗教自由的波希米亚军队被斐迪南国王有 2.5 万名士兵的帝国军队粉碎。参与起义的 27 名贵族被处决，新教徒被命令在 3 天内皈依天主教，或者离开波希米亚。

该国最著名的宗教流亡者之一是扬·阿莫斯·科缅斯基。科缅斯基是波希米亚兄弟会的精神领袖之一。他相信教育是传播信仰的关键，他创新的教学方法为他在整个欧洲赢得了声誉，特别是在流亡同胞中。科缅斯基在荷兰的纳尔登镇度过了他生命的最后几年。每天他都会沿着海岸散步，当他感到死亡临近时，他要求别人把他放到椅子上。

穆夏的作品以昏暗的色调为主，捕捉到了科缅斯基在异国他乡孤独死亡的忧郁之情。他被试图互相安慰的追随者忽视。闪烁的小灯笼代表了一个模糊的希望，即流亡者有一天能够返回他们的家乡波希米亚。

《圣阿索斯山》

圣阿索斯山是希腊东正教的中心，从 10 世纪到 15 世纪，它对南部斯拉夫人也具有重要意义。穆夏非常尊重东正教，认为它对斯拉夫人产生了统一的影响。当他于 1924 年参观修道院时，被其永恒的灵性感动。

穆夏的作品中充满了圣像和符号，描绘了俄罗斯朝圣者的队伍以半圆形向圣所后面的四位大祭司前进。每位牧师都拿出一个遗物供朝圣者拥抱。一束阳光从左边穿过后殿，照亮了天使，其中四个天使拿着圣阿索斯山地区斯拉夫修道院的模型。天花板上画的圣母形象具有尘世的特征，使她与天使区分开。前景中，一个小男孩扶着一个盲人老人。

《圣阿索斯山》

1926 年
实际尺寸：405cm × 480cm
现藏于：捷克布拉格 穆夏博物馆

《斯拉夫菩提树下的"青年"誓言》

奥姆拉迪纳是 1890 年成立的捷克民族主义青年组织。该组织以其反奥地利和反教权倾向为特征，并为世纪之交正蓄势待发的民族主义复兴做出了贡献。1904 年，该组织的领导人被捕，后被起诉并被判入狱。

穆夏选择描绘一群年轻人跪成一圈，手牵着手宣誓效忠女神斯拉维亚的场景。斯拉维亚坐在后面的一棵菩提树上，这是占卜的象征。孩子们被其他成员包围着，即在他们之外，坐着穿着捷克民族服装的人物。前景中，坐在墙两侧的是一个男孩和一个女孩，模仿穆夏的孩子雅罗斯拉瓦和伊日。女孩弹奏七弦琴——这张照片后来被用于海报中，以宣传 1928 年他在布拉格贸易博览会宫的展览，男孩则坐在母亲身后听音乐。

然而，该作品从未完成，并且有几个人物为蛋彩画，没有油饰画面。

1926 年
实际尺寸：390cm × 590cm
现藏于：捷克布拉格　穆夏博物馆

《斯拉夫菩提树下的"青年"誓言》

"斯拉夫史诗"系列十九：

《俄罗斯废除农奴制》

　　废除农奴制是与穆夏同时代的主题之一，《俄罗斯废除农奴制》是穆夏完成的第一批"斯拉夫史诗"系列作品之一。穆夏于1913年访问俄罗斯时发现，他如此尊敬的伟大的斯拉夫民族和盟友实际上被贫困和苦难包围，远不如欧洲其他国家先进。

　　当沙皇亚历山大二世于1855年即位时，他发起了一系列改革，包括1861年颁布的《解放法令》，该法令给予俄罗斯农奴个人自由。对穆夏来说，这项改革姗姗来迟，没有任何意义。

　　被压制的俄罗斯农民焦急地看着这位官员宣读法令。圣巴西尔大教堂和远处的克里姆林宫在浓雾中几乎看不出来，浓雾笼罩着这一刻的不确定性。透过云层，遥远的太阳隐约可见，给人一种对光明未来的微弱希望。穆夏还画了一对母子来表达与后代有关的恐惧和希望。

《俄罗斯废除农奴制》局部

《俄罗斯废除农奴制》

1914 年

实际尺寸：610cm×810cm

现藏于：捷克布拉格　穆夏博物馆

《神化：人类的斯拉夫人》

  《神化：人类的斯拉夫人》是"斯拉夫史诗"系列的最后一幅画，穆夏试图将其与其他 19 幅的所有主题汇集在一起，以庆祝斯拉夫民族的独立。

  这幅画由四个不同的部分组成，以四种不同的颜色为特征。每幅代表斯拉夫历史上的一个时期：画作右下角的冷色代表斯拉夫历史的早期；右上角的暖色表示中世纪流血的胡斯战争，下面投射在阴影中的人物代表敌人和对斯拉夫部落的反复袭击，中间的黄色带子照亮了从第一次世界大战归来的捷克和斯洛伐克士兵，挥舞绿色树枝的年轻男孩向他们致敬。这标志着奥匈帝国的瓦解和斯拉夫民族新时代的到来。构图中央赤裸上身的人物是新的、强大的和独立的共和国的化身，由后面的基督形象引导和保护。

《神化：人类的斯拉夫人》

1926 年

实际尺寸：480cm×405cm

现藏于：捷克布拉格　穆夏博物馆

布鲁克林博物馆穆夏画展海报

　　画作中美丽的斯拉夫少女以红色线条勾勒而出，飘逸的长发洋溢着十足的穆夏风格，她手持的荆冠寓意斯拉夫人遭受的苦难。画中人正向观者推荐 1921 年在纽约布鲁克林博物馆举办的展览，此次画展展出了宏伟的"斯拉夫史诗"系列中的 5 幅作品。

布鲁克林博物馆穆夏画展海报

1921 年
实际尺寸：116cm×70cm
现藏于：私人收藏

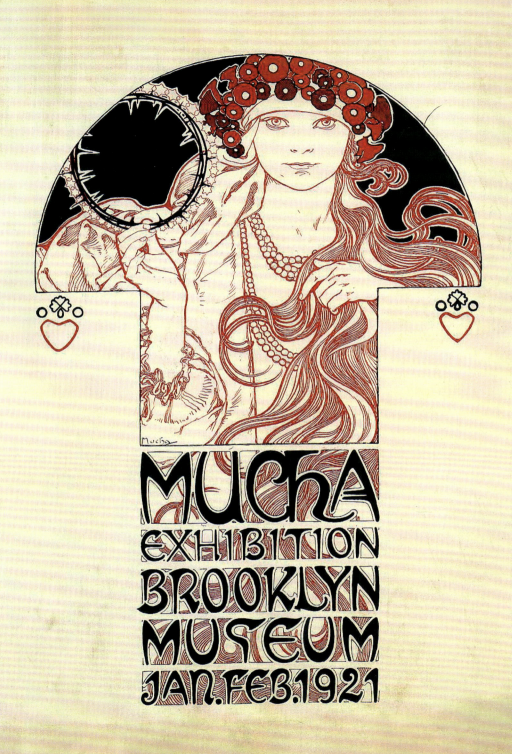

MUCHA
EXHIBITION
BROOKLYN
MUSEUM
JAN.FEB.1921

《雅罗斯拉瓦的肖像》

　　雅罗斯拉瓦是穆夏的第一个孩子，1909 年在纽约出生，当时穆夏一家还在美国。她的肖像出现在许多图片和设计中，包括捷克斯洛伐克共和国的纸币上。

　　在这幅半身正面肖像中，雅罗斯拉瓦戴着精致的白色头巾，双手托着下巴。当穆夏在波希米亚的兹比卢创作"斯拉夫史诗"系列时，雅罗斯拉瓦不仅担任画作中的模特，还担任她父亲的技术助理。这种早期的训练可能有助于她成为美术品管理员。

《雅罗斯拉瓦的肖像》

1927~1935 年

实际尺寸：73cm×60cm

现藏于：捷克布拉格　穆夏博物馆

斯拉夫史诗画展海报

　　这张海报为穆夏的"斯拉夫史诗"系列作品的第一次展览做宣传,该展览于 1928 年秋天在布拉格贸易博览会宫举行,恰逢捷克斯洛伐克共和国成立 10 周年。他的女儿雅罗斯拉瓦担任海报的模特,姿势同"斯拉夫史诗"系列之一《斯拉夫菩提树下的"青年"誓言》中的斯拉维亚。背景中的神话人物是捷克的异教命运之神斯万托维特,传说他有四张脸,分别从前后左右不同的方向俯视宇宙,他手里拿着他的标志性物品——剑和饮角。

斯拉夫史诗画展海报

1928 年
实际尺寸:183.6cm×81.2cm
现藏于:捷克布拉格　穆夏博物馆

圣维特大教堂彩绘玻璃窗

　　布拉格城堡圣维特大教堂的大主教礼拜堂内的彩绘玻璃窗上，捷克的主保圣人圣瓦茨拉夫的少年形象呈现于画面中，他的祖母圣卢德米拉陪伴在其身侧。巧夺天工的彩绘玻璃窗借鉴了巴洛克艺术，由 36 块彩绘玻璃组成的玻璃窗中有着令人陶醉的曲线和旋涡纹路。

圣维特大教堂彩绘玻璃窗

1931 年

现藏于：捷克布拉格　圣维特大教堂

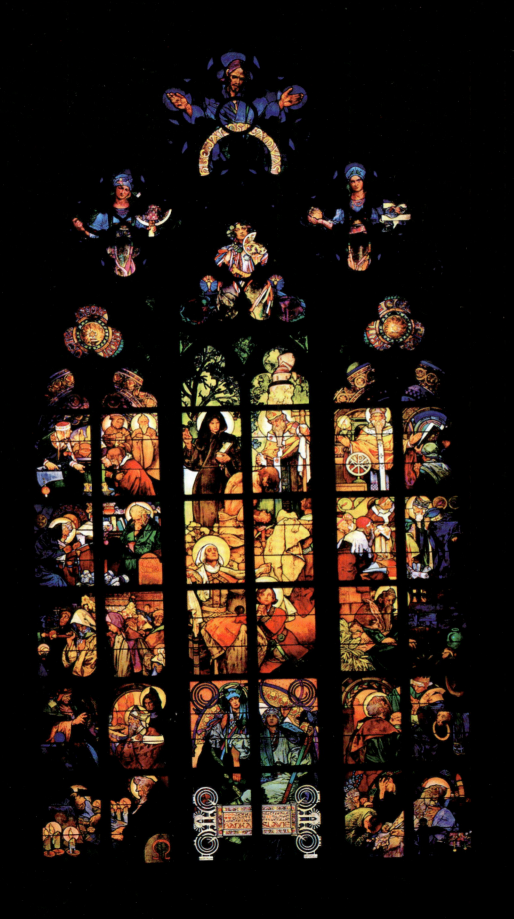

1879 年，穆夏来到维也纳工作，开始学习艺术课程。

1860 年 7 月 24 日，穆夏出生于伊万契采。

1885 年，穆夏加入慕尼黑美术学院，同时为期刊画插图。

1896 年，穆夏受尚佩努瓦的委托，创作了一套以季节为主题的装饰版画。

1860 ~ 1867 年	1868 ~ 1882 年	1883 ~ 1894 年	1895 ~ 1896 年

1894 年，为戏剧创作的海报《吉斯蒙达》大火。

1868 年，穆夏创作了第一幅作品《基督受难》。

1882 年，穆夏离开维也纳，在米库洛夫获得了他的第一个委托。

1899 年，穆夏受委托装饰 1900 年巴黎世界博览会的波黑馆。

1908 年，受委托装饰纽约新装修的德国剧院的内部。

1921 年在美国办展览期间，穆夏获得了许多委托，包括《赫斯特国际》月刊的 12 个封面。

1939 年，穆夏被盖世太保逮捕，因感染肺炎于同年去世，享年 79 岁。

| 1897 ~ 1904 年 | 1905 ~ 1912 年 | 1913 ~ 1938 年 | 1939 ~ 1950 年 |

1904 年，穆夏前往美国，本打算通过画肖像画在经济上确保自己实现未来的计划，但并没有成功。

1912 年，穆夏开始绘制"斯拉夫史诗"系列作品。

1926 年，穆夏完成"斯拉夫史诗"系列作品。

1897 年，穆夏在圣拉扎尔街 18 号的博迪尼埃画廊举办了他的第一次个人展览。

附录 2：艺术家画作收藏分布

捷克

⊙ **布拉格**　穆夏博物馆